SOFORTHELFER KÜCHENKRÄUTER

JOACHIM MAYER

KOSMOS

KRÄUTER AUF EINEN BLICK

↗ *SEITE 40*

(Ocimum basilicum)

Basilikum

- **Wuchs** Einjähriges Kraut 15 – 60 cm hoch
- **Ansprüche** Sonne, viel Wärme, kälteempfindlich; nährstoffreiche Erde, hoher Wasserbedarf
- **Ernte** Junge Blätter und Triebspitzen von Juni bis September

↗ *SEITE 48*

(Petroselinum crispum)

Petersilie

- **Wuchs** Zweijähriges Kraut 15 – 20 cm hoch
- **Ansprüche** Sonne bis Halbschatten; nährstoffreiche Erde, mittlerer Wasserbedarf
- **Ernte** Blätter ab Mai bis zum nächsten Frühjahr; bei Wurzelpetersilie Rüben im Spätherbst

↗ *SEITE 54*

(Allium schoenoprasum)

Schnittlauch

- **Wuchs** Staude 20 – 40 cm hoch
- **Ansprüche** Sonne bis Halbschatten; nährstoffreiche, kalkhaltige Erde, mittlerer Wasserbedarf
- **Ernte** Röhrenblätter fast ganzjährig; auch Blüten essbar

↗ *SEITE 60*

(Allium tuberosum)

Schnitt-knoblauch

- **Wuchs** Staude 30 – 40 cm hoch
- **Ansprüche** Sonne bis Halbschatten; nährstoffreiche, kalkhaltige Erde, mittlerer Wasserbedarf
- **Ernte** Röhrenblätter fast ganzjährig; auch Blüten essbar

↗ *SEITE 64*

(Lepidium sativum)

Kresse

- **Wuchs** Einjähriges Kraut 5 – 10 cm hoch
- **Ansprüche** Sonne bis Halbschatten; mäßig nährstoffreiche Erde, mittlerer Wasserbedarf
- **Ernte** Beblätterte junge Sprosse, fast ganzjährig, jeweils 1 bis 3 Wochen nach der Aussaat

↗ *SEITE 66*

(Anthriscus cerefolium)

Kerbel

- **Wuchs** Einjähriges Kraut 30 – 60 cm hoch
- **Ansprüche** Sonne bis Halbschatten; nährstoffreiche Erde, mittlerer Wasserbedarf
- **Ernte** Junge Blätter von Mai bis Oktober

↗ *SEITE 68*

(Apium graveolens)

Schnittsellerie

- **Wuchs** Einjähriges Kraut 30 – 40 cm hoch
- **Ansprüche** Sonne; nährstoffreiche Erde, hoher Wasserbedarf
- **Ernte** Junge Blätter von Juni bis September

↗ *SEITE 70*

(Coriandrum sativum)

Koriander

- **Wuchs** Einjähriges Kraut 30 – 60 cm hoch; vorzugsweise als Blattkoriander genutzt
- **Ansprüche** Sonne; nährstoffreiche Erde, mittlerer Wasserbedarf
- **Ernte** Junge Blätter von Juni bis Oktober; Samen ab Spätsommer

KRÄUTER AUF EINEN BLICK

(Anethum graveolens)

Dill

- **Wuchs** Einjähriges Kraut 60 – 120 cm hoch
- **Ansprüche** Sonne; mäßig nährstoffreiche Erde, mittlerer Wasserbedarf
- **Ernte** Blättchen von Juni bis Oktober; Samen ab September/Oktober

(Origanum majorana)

Majoran

- **Wuchs** Einjähriges Kraut 30 – 50 cm hoch
- **Ansprüche** volle Sonne, kälteempfindlich; mäßig nährstoffreiche, kalkhaltige Erde, geringer Wasserbedarf
- **Ernte** Junge Blättchen und Triebe von Mai bis September

(Artemisia dracunculus)

Estragon

- **Wuchs** Staude 50 – 100 cm hoch
- **Ansprüche** volle Sonne, etwas Winterschutz; mäßig nährstoffreiche Erde, mittlerer Wasserbedarf
- **Ernte** Blätter und junge Triebspitzen von Mai bis Oktober

(Diplotaxis, Eruca)

Rucola

- **Wuchs** Einjähriges Kraut 10 – 20 cm hoch
- **Ansprüche** Sonne bis Halbschatten; nährstoffreiche Erde, hoher Wasserbedarf
- **Ernte** Junge Blätter von Mai bis Oktober

↗ *SEITE 82*

(Satureja hortensis)

Sommer-Bohnenkraut

- **Wuchs** Einjähriges Kraut 20 – 40 cm hoch
- **Ansprüche** volle Sonne, geschützter Platz; nährstoffarme, kalkhaltige Erde, geringer Wasserbedarf
- **Ernte** Blättchen und junge Triebe von Juni bis September

↗ *SEITE 82*

(Satureja montana)

Winter-, Bergbohnenkraut

- **Wuchs** Halbstrauch 20 – 40 cm hoch
- **Ansprüche** volle Sonne, etwas Winterschutz; nährstoffarme, kalkhaltige Erde, geringer Wasserbedarf
- **Ernte** Blättchen und junge Triebe von März bis Oktober

↗ *SEITE 84*

(Origanum vulgare)

Oregano

- **Wuchs** Halbstrauch 20 – 60 cm hoch
- **Ansprüche** volle Sonne, Winterschutz; nährstoffarme, kalkhaltige Erde, geringer Wasserbedarf
- **Ernte** Blättchen und junge Triebe von Mai bis Oktober

↗ *SEITE 86*

(Thymus vulgaris)

Thymian

- **Wuchs** Halbstrauch 10 – 40 cm hoch
- **Ansprüche** volle Sonne, etwas Winterschutz; nährstoffarme, kalkhaltige Erde, geringer Wasserbedarf
- **Ernte** Blättchen und junge Triebspitzen fast ganzjährig

KRÄUTER AUF EINEN BLICK

↗ *SEITE 90*

(Lavandula angustifolia)

Lavendel

- **Wuchs** Halbstrauch 30 – 90 cm hoch
- **Ansprüche** volle Sonne, etwas Winterschutz; mäßig nährstoffreiche, kalkhaltige Erde, geringer Wasserbedarf
- **Ernte** Blättchen fast ganzjährig, Blütentriebe von Juni bis August

↗ *SEITE 92*

(Rosmarinus officinalis)

Rosmarin

- **Wuchs** Strauch 30 – 150 cm hoch
- **Ansprüche** volle Sonne, Überwinterung drinnen oder guter Winterschutz; mäßig nährstoffreiche, kalkhaltige Erde, geringer Wasserbedarf
- **Ernte** Blättchen und junge Triebspitzen von April bis Oktober

↗ *SEITE 94*

(Mentha × piperita)

Minze

- **Wuchs** Staude 40 – 80 cm hoch
- **Ansprüche** Sonne bis Halbschatten, Schutz nur bei starkem Frost; nährstoffreiche Erde, mittlerer Wasserbedarf
- **Ernte** Blätter und junge Triebspitzen von März bis September

↗ *SEITE 104*

(Melissa officinalis)

Zitronenmelisse

- **Wuchs** Staude 40 – 80 cm hoch
- **Ansprüche** Sonne bis Halbschatten, leichter Winterschutz; nährstoffreiche, kalkhaltige Erde, mittlerer Wasserbedarf
- **Ernte** Blätter und junge Triebspitzen von Mai bis September

↗ SEITE 108

(Salvia officinalis)

Salbei

- **Wuchs** Halbstrauch 40 – 80 cm hoch
- **Ansprüche** volle Sonne, Winterschutz; mäßig nährstoffreiche, kalkhaltige Erde, geringer Wasserbedarf
- **Ernte** Junge Blätter fast ganzjährig

↗ SEITE 116

(Helichrysum italicum)

Currykraut

- **Wuchs** Halbstrauch 30 – 60 cm hoch
- **Ansprüche** Sonne, Überwinterung drinnen oder guter Winterschutz; mäßig nährstoffreiche Erde, geringer Wasserbedarf
- **Ernte** Blätter und junge Triebe, ganzjährig

↗ SEITE 118

(Aloysia triphylla)

Zitronenverbene

- **Wuchs** Strauch 50 – 150 cm hoch
- **Ansprüche** Sonne, Überwinterung hell oder dunkel bei 4 – 10 °C; nährstoffreiche Erde, hoher Wasserbedarf
- **Ernte** Junge Triebspitzen und Blätter von Mai bis September

↗ SEITE 120

(Cymbopogon citratus)

Zitronengras

- **Wuchs** mehrjähriges Gras 40 – 100 cm hoch; breitwüchsig
- **Ansprüche** Sonne, Überwinterung hell bei 10 – 18 °C; nährstoffreiche, leicht saure Erde, hoher Wasserbedarf
- **Ernte** Junge Halme von Frühjahr bis Herbst

KOSMOS **SOFORTHELFER** SCHNELLE ANTWORTEN AUF EINEN BLICK

BASICS

PFLEGEN UND GENIESSEN *BASICS*

FRISCHE, SELBST GEERNTETE KRÄUTER: DAS IST EINFACH EIN UNÜBERTREFF-
LICHER GENUSS – UND FÜR JEDEN MACHBAR. WENN MAN EIN WENIG ÜBER DIE
ANSPRÜCHE DER KRÄUTER, IHRE PFLEGE UND ERNTE BESCHEID WEISS, STEHT
DEM AROMATISCHEN VERGNÜGEN NICHTS MEHR IM WEG. UND SIE BRAUCHEN
DAFÜR NOCH NICHT EINMAL EINEN GARTEN, DENN DIE MEISTEN KRÄUTER LAS-
SEN SICH GUT IN TÖPFEN AUF BALKON UND TERRASSE UND DER FENSTERBANK
PFLEGEN.

KRÄUTERSPASS IM TOPF

Wer über einen Garten verfügt, kann seine Kräuter natürlich auch draußen pflanzen. Doch bei Wärme liebenden
Arten wie Basilikum und Rosmarin ist die Topfhaltung an einem geschützten Platz meist sicherer. Zudem er-
weist es sich als besonders praktisch, wenn man den täglichen Bedarf eben mal schnell vom Balkon oder sogar
am Küchenfenster ernten kann.

DER RICHTIGE PLATZ

Die meisten Kräuter mögen Frischluft und entwickeln ihr optimales Aroma in der direkten Sonne. Balkon und
Terrasse bieten deshalb über Sommer die besten Plätze für Topfkräuter. Doch auch drinnen gedeihen viele
recht gut. Für die Fensterbank eignen sich besonders schnellwüchsige Kräuter wie Kresse und Kerbel sowie
wärmebedürftige Arten wie Majoran und Estragon. Beachten Sie stets die unterschiedlichen Lichtansprüche:
Die meisten Kräuter mögen es hell, doch nicht alle vertragen Balkon- oder Fensterplätze in der prallen Sonne.

WÜCHSIGE PFLANZEN

Kaufen Sie die Pflanzen am besten in einer Gärtnerei oder im Gartencenter, oder ziehen Sie sie selbst aus
Samen heran. Kräutertöpfchen aus dem Supermarkt, z.B. mit Petersilie oder Schnittlauch, sind nur für den
kurzfristigen Verbrauch vorkultiviert. Topft man sie gleich um, halten sie manchmal auch länger, doch „echte"
Jungpflanzen bieten viel mehr Aussicht auf Erfolg.

ERSTE PFLEGE

WAS
MUSS ICH BEACHTEN?

- Folie bald entfernen und bei Trockenheit gleich gießen.
- Welkes und Krankheitsverdächtiges entfernen.
- Oft ist es ratsam, die Kräuter gleich umzutopfen (siehe nächste Seite).

WELCHER PLATZ
IST DER BESTE?

- Achten Sie auf die Angaben und Symbole (z. B. für „sonnig", „halbschattig"), die sich meist auf Etiketten an der Pflanze finden.
- Wählen Sie bei Zimmerhaltung möglichst einen nicht allzu warmen, aber ausreichend hellen Platz.

WIE
GEHT DAS AM BESTEN?

Folie entfernen

- Oft sind die Pflanzen mit Folie verpackt, die am Verkaufsort oder beim Versenden für ein warmes, luftfeuchtes Kleinklima sorgt.
- Wenn Sie die Pflanze zu Hause gleich richtig versorgen, ist die Folie nicht mehr nötig und sollte entfernt werden.

Helle Triebe

- Bleiben die Kräuter zu lange in der Verpackungsfolie, kann es passieren, dass sich die Blätter aufhellen und vergilben.
- Schlimmstenfalls kann die Folie sogar Pilzkrankheiten oder Schimmel fördern.

KOSMOS

SOFORTHELFER

Gewöhnen Sie Kräuter für den Balkon langsam an den Frischluftaufenthalt und die direkte Sonne. Stellen Sie sie zum Abhärten die ersten ein bis zwei Wochen draußen etwas geschützt und leicht beschattet auf und holen Sie sie vor kalten Nächten abends herein. Direkt in die pralle Sonne gestellt, kann es schnell zu Sonnenbrand kommen.

Feuchtigkeit prüfen

- Testen Sie gleich nach dem Auspacken mit den Fingern, wie feucht die Erdoberfläche und die Schicht darunter ist.
- Gießen Sie bei Trockenheit gründlich.
- Lassen Sie eine recht feuchte Oberfläche vor dem ersten Gießen etwas abtrocknen.

Vergilbtes entfernen

- Entfernen Sie gelbe und sehr welke Blätter
- Ebenso Teile, die stark krankheits- oder fäulnisverdächtig erscheinen.
- Schneiden Sie betroffene Triebe, soweit möglich, am besten unten heraus, aber „zerrupfen" Sie die Pflanze nicht zu stark.

EIN – UND UMTOPFEN

WANN
WIRD UMGETOPFT?

- Bei neuen Kräutern gleich, wenn der Verkaufstopf zu eng ist.
- Bei Mehrjährigen und Kübelpflanzen alle paar Jahre im Frühjahr oder Frühsommer, je nach Wachstumsstärke.
- Generell: wenn Wurzeln hervorquellen, die Standfestigkeit leidet, die Erde stark vernässt ist oder die Wuchsfreude nachlässt.

WAS
BRAUCHE ICH?

- Töpfe: aus Kunststoff oder, besser, aus Ton; unbedingt mit Abzugsloch am Boden; für draußen Überwinternde frostfest.
- Topfdurchmesser: je nach Pflanzengröße 1 – 5 cm größer
- Geeignete Erde (siehe Tipp)
- Tonscherben, Dränagematerial

WIE
GEHT DAS AM BESTEN?

Vorbereiten

- Legen Sie im neuen Topf Tonscherben über das Wasserabzugsloch.
- Füllen Sie dann eine Dränageschicht aus Blähton, Bimskies oder feinem Schotter ein, je nach Topfgröße 2 – 5 cm hoch; besonders wichtig bei mediterranen Kräutern.

Einsetzen

- Nehmen Sie die Pflanze behutsam aus dem Topf. Packen Sie sie dazu am besten unten an der Triebbasis. Feuchten Sie trockene Erde vorher an.
- Manchmal braucht man ein kräftiges Messer, um die Wurzeln rundum vorsichtig von der Topfwand abzutrennen.

KOSMOS
SOFORTHELFER

Für nährstoffliebende Kräuter wie die meisten Küchenkräuter, z. B. Schnittlauch, Petersilie, Rucola oder Sellerie, eignet sich Kräutererde oder gute Blumenerde mit untergemischtem Sand. Für genügsame mediterrane Kräuter wie Thymian und Rosmarin Dachgartenerde, aufgekalkte Kakteenerde oder Kräutererde, der man Sand, Perlite oder Lavagrus untermischt.

Erde einfüllen

- Füllen Sie zunächst so viel Erde ein, dass die Pflanze in der richtigen Höhe zu stehen kommt. Über der Ballenoberfläche sollte ein Gießrand von 1–3 cm bleiben.
- Setzen Sie die Pflanze in der Topfmitte ein und füllen Sie an den Seiten die restliche Erde auf.

Angießen

- Drücken Sie die Erdoberfläche etwas an und gießen Sie dann gründlich.
- Halten Sie die Erde in der Folgezeit bis zum Einwurzeln stets leicht feucht, aber keinesfalls zu nass.

GIESSEN UND DÜNGEN

WAS
MUSS ICH BEIM GIESSEN BEACHTEN?

- Im Zweifel lieber weniger gießen. Viele Kräuter werden aus Versehen „tot gegossen"!
- Mit handwarmem Wasser gießen.
- Das Gießwasser kann für Mediterrane kalkhaltig sein, für andere besser weiches (enthärtetes) Wasser verwenden.
- Mehrjährige im Winter sehr zurückhaltend gießen.

WELCHER DÜNGER
IST GEEIGNET?

- Spezieller Kräuterdünger oder schwach dosierter organischer Volldünger; beides am besten als Flüssigdünger
- Am Kräuter-Überblick (S. 2–7) orientieren: Was nährstoffreiche Erde braucht, muss auch öfter gedüngt werden.

WIE
GEHT DAS AM BESTEN?

Mediterrane Kräuter gießen

- Kräuter wie Thymian und Oregano brauchen zwar wenig Wasser, dürfen aber im Topf nicht völlig austrocknen.
- Gießen Sie nicht zu kräftig, und erst wieder, wenn die oberen 2–3 cm der Topferde abgetrocknet sind (Fingerprobe).

Kräuter mit mittlerem Wasserbedarf

- Viele Kräuter wie Minze und Kerbel haben einen mittleren Wasserbedarf. Feuchten Sie die Erde gut an, wenn die oberen 1–2 cm abgetrocknet sind (aber nicht vernässen). Stets direkt auf die Erde gießen, nicht über die Blätter.
- Lassen Sie kein überschüssiges Gieß- oder Regenwasser im Untersetzer stehen.

KOSMOS
SOFORTHELFER

Sorgen Sie bei Zimmer-
haltung stets für gute
Belüftung ihrer Kräuter.
Ungünstig sind aber kalte
Zugluft, ebenso starker
Küchendunst sowie trocke-
ne Heizungsluft, die durch
häufiges Besprühen der
Pflanzenumgebung abge-
mildert werden kann.

Gießen von unten

- <u>Basilikum braucht viel Wasser</u> und wird am besten <u>über den Untersetzer</u> gegossen. Nach etwa einer <u>halben Stunde auskippen</u>, was dann noch im Übersetzer steht.
- Dies eignet sich (im Hochsommer) auch für <u>Liebstöckel</u> und <u>Schnittsellerie</u>, für die meisten anderen Kräuter jedoch nicht.

Düngen

- Die Nährstoffe in der frischen Erde reichen meist für die ersten 4 bis 6 Wochen. Danach je nach Nährstoffbedarf alle 1 bis 4 Wochen düngen.
- <u>Mehrjährige zwischen Anfang August und Frühjahr nicht düngen.</u> Für Mediterrane genügt oft eine mäßige Düngergabe im Frühjahr sowie nach der Haupternte.

WELCHE
EIGNEN SICH ZUM VORZIEHEN ?

- Für die Anzucht mit späterem Verpflanzen eignen sich vor allem <u>ein- und zweijährige</u> Kräuter wie Basilikum, Majoran, Schnittsellerie und Petersilie.
- <u>Mehrjährige</u> werden in der Regel besser <u>als Jungpflanzen gekauft</u>.

WAS
KANN ICH DIREKT SÄEN?

- Für die Aussaat an Ort und Stelle, z. B. in einen Balkonkasten, eignen sich vor allem schnellwüchsige Kräuter wie Kresse, Kerbel und Dill.
- Die Sämlinge müssen später teils ausgedünnt werden.
- Direktsaat ohne Ausdünnen ermöglichen Saatscheiben für Töpfe, z. B. mit Basilikum oder Schnittlauch.
- Die meisten Kräuter keimen optimal zwischen 15 – 20 °C, Basilikum bis 22 °C.

WIE
GEHT DAS AM BESTEN?

Anzucht im Topf

- Legen Sie eine Tonscherbe über das Abzugsloch und befüllen Sie den Topf mit <u>Aussaaterde.</u> Ebnen Sie die Oberfläche und drücken Sie diese leicht an.
- Verteilen Sie die Samen möglichst möglichst gleichmäßig und nicht allzu dicht.

Angießen

- Samen von <u>Lichtkeimern</u> wie Basilikum, Majoran und Bohnenkraut nur <u>leicht andrücken</u> und höchstens hauchfein mit Erde überstreuen.
- <u>Andere Samen ein- bis zweimal so hoch mit Erde abdecken,</u> wie sie dick sind.
- Dann mit <u>feiner Brause</u> (Ballbrause) alles gründlich anfeuchten.

KOSMOS
SOFORTHELFER

Verwenden Sie für das Vorziehen nur spezielle Aussaat-, Anzucht- oder Vermehrungserde. Sie ist nährstoffarm, keimfrei und besonders feinkörnig, aber strukturstabil, verschlämmt also nicht so schnell.

Normale Blumenerde enthält zu viele Nährstoffe und Nährsalze, die den empfindlichen Wurzeln der Keimlinge schaden.

Anzucht in Schalen

- <u>Flache Anzuchtschalen</u> – am besten mit Abdeckhaube – eignen sich besonders gut für größere Mengen. Gesät wird, wie auf dem Saatgutetikett.
- Halten Sie die Saaten stets feucht, aber nicht zu nass. Die <u>Abdeckhaube</u> zum Lüften anheben, nach <u>komplettem Samenaufgang ganz entfernen</u>.

Probleme

- Nach dem Aufgang oder Auflaufen (Keimen) brauchen die Sämlinge viel Licht (aber keine pralle Sonne !), sonst wachsen sie lang und dünn, mit gelben, fahlen Blättern. Man nennt dies <u>Vergeilen</u>.
- Wichtig ist auch das <u>rechtzeitige Pikieren</u> (siehe nächste Seite).

PIKIEREN

WARUM
MUSS ICH PIKIEREN?

- Beim Pikieren werden die heranwachsenden Sämlinge einzeln getopft, damit sie mehr Platz haben.
- So entwickeln sie sich kräftiger und werden durch das Umsetzen zur Bildung neuer Wurzeln angeregt.

WAS
BRAUCHE ICH DAFÜR?

- Kleine Töpfe mit 6–10 cm
- Nährstoffarme, keimfreie Anzucht- oder Pikiererde
- Pikierholz oder –stab
- Kleine Gießkanne, Ballbrause oder Zerstäuber

WIE
GEHT DAS AM BESTEN?

Sämlinge herausnehmen

- Mit dem spitzen Ende des Pikierstabs lassen sich die Sämlinge behutsam aus Anzuchtschale oder -topf lösen und heraushebeln.
- Die zarten Wurzeln möglichst nicht beschädigen.

Pflanzloch vorbereiten

- Legen Sie eine Tonscherbe über das Abzugsloch und befüllen Sie den Topf mit Pikiererde (oben kleinen Gießrand lassen).
- Die Oberfläche etwas andrücken. Das dicke Ende des Stabs eignet sich gut zum Einstechen des Pflanzlochs.

Pikieren

- Den Sämling in der Topfmitte einsetzen (so tief, wie er vorher stand).
- Die Erde rund um die Triebbasis andrücken. Wenn nötig, noch etwas Erde nachfüllen, damit keine Mulde entsteht.

Angießen

- Nach dem Einpflanzen die Erde gründlich anfeuchten.
- Danach die Erde stets leicht feucht, aber keinesfalls nass halten.
- Die Pflänzchen hell und mäßig warm (um 15 °C) aufstellen.

STECKLINGE

WOVON
KANN ICH STECKLINGE SCHNEIDEN?

- Von den meisten mehrjährigen Kräutern, z. B. Rosmarin, Salbei, Estragon; auch Strauch-Basilikum und Zitronenverbene
- Nur von gesunden, kräftigen, Mutterpflanzen; von jungen, nicht blühenden Trieben.
- Von Frühjahr bis Spätsommer (meist am besten im Mai/Juni).
- Am besten von den Triebspitzen (Kopfstecklinge).

WAS
BRAUCHE ICH DAFÜR?

- Töpfe mit 8 – 12 cm Durchmesser oder Quelltöpfe (siehe nächste Seite)
- Anzucht- oder Stecklingserde
- Sauberes, scharfes Messer oder Schere
- Folie oder Abdeckhaube
- Gießkanne oder Zerstäuber

WIE
GEHT DAS AM BESTEN?

Schneiden und vorbereiten

- Schneiden Sie 8 – 10 cm (– 20 cm) lange, beblätterte Teile von den Triebspitzen, mit schräg geführtem Schnitt, kurz unterhalb eines Blattknotens (verdickte Ansatzstelle des Blattstiels).
- Entfernen Sie die untersten Blätter.

Stecken

- Stecken Sie das Triebstück so in die Erde, dass das verbliebene untere Laub knapp über die Oberfläche kommt.
- Drücken Sie die Erde rund um den Steckling etwas fest und feuchten Sie die Erde leicht an (keinesfalls vernässen !).

KOSMOS
SOFORTHELFER
Die Wurzelbildung von Stecklingen aller Art, aber besonder jeder mit aromatischen Substanzen, die manchmal schlecht bewurzeln, lässt sich verbessern, wenn man vor dem Einsetzen das untere Stecklingsende in ein Bewurzelungspulver (im Fachhandel erhältlich) taucht.

Entspitzen

- Bei buschig wachsenden Pflanzen fördert das Abschneiden der Triebspitze eine bessere Verzweigung.
- Bis zum Bewurzeln ist ein Verdunstungs-schutz ratsam: z. B. eine Kunststoffhaube oder Folie, die über den Topf gespannt wird. Wichtig ist regelmäßiges Lüften!

Stecklinge aufstellen

- Stellen Sie die Töpfe an einem warmen, hellen Platz ohne direkte Sonne auf.
- Zeigt sich neuer Austrieb, den Verdunstungsschutz ganz entfernen.
- Gut entwickelte Stecklinge in größere Töpfe mit nor-maler Erde setzen und etwas kühler stellen.

STECKLINGE IN KOKOSQUELLTÖPFEN

WARUM
KOKOSQUELLTÖPFE?

- Quelltöpfe sind praktisch, gut luftdurchlässig, ersparen zusätzliche Anzuchterde und können einfach mitgepflanzt werden.
- Sie sind auch für Samenanzucht geeignet.
- Mit Kokosquelltöpfen lässt sich die Verwendung von Torfprodukten ganz vermeiden.

WAS
BRAUCHE ICH DAFÜR?

- Kokosquelltöpfe, die in Tablettenform angeboten werden
- Sauberes, scharfes Messer oder Schere
- Anzuchtschale mit Abdeckhaube („Minigewächshaus")
- Gießkanne oder Zerstäuber

Kopfstecklinge schneiden

- Wählen Sie gesunde, wüchsige Pflanzen mit jungen, möglichst nicht blühenden Trieben.
- Schneiden Sie 8 – 10 cm (bis 20 cm) lange Stecklinge von den Triebspitzen; dies etwas schräg, 0,5 – 1 cm unterhalb eines Blattknotens.

Untere Blätter entfernen

- Trennen Sie im unteren Bereich ein bis zwei Blattpaare vorsichtig ab.
- Eventuell vorhandene Blütentriebe müssen vor oder gleich nach dem Stecken weggeschnitten werden (siehe Foto rechts), da sie die Wurzelbildung hemmen.

KOSMOS
SOFORTHELFER

Kippen Sie nach dem Aufquellen der Töpfe (dauert nur wenige Minuten) überschüssiges Wasser in der Schale ab. Sind die Quelltöpfe anfangs sehr nass, diese etwas ausdrücken. Bei zu viel Nässe droht Fäulnis und die ganze Mühe der Anzucht wäre umsonst. Selbt wenn nur eine Pflanze fault, können die Fäulnispilze schnell auf die anderen Stecklinge übergreifen.

Steckling entspitzen

- Die Quelltopf-Tabletten in der Schale mit lauwarmem Wasser übergießen und aufquellen lassen.
- Mit einem Pikierstab oder Bleistift ein <u>Loch in den Quelltopf stechen,</u> das Stecklingsende hineinstecken und leicht andrücken. Blütentriebe wegschneiden.

Fertige Stecklinge

- Den fertigen Steckling nun unter einer Haube (siehe nächste Seite) bewurzeln lassen.
- Er kann <u>später mitsamt Quelltopf</u> in einen Topf mit „richtiger" Erde gesetzt werden. Die Wurzeln wachsen durch das feine Netz, das mit der Zeit problemlos verrottet.

STECKLINGE PFLEGEN

WAS
BRAUCHEN STECKLINGE?

- Bis zur Bewurzelung gleichbleibend hohe Luftfeuchtigkeit.
- Im Substrat (Erde, Quelltopf) stets leichte, milde Feuchtigkeit – aber keine Nässe!
- Wärme, besonders von unten. Ideale Bodentemperatur: 20–24 °C; nach dem Bewurzeln etwas kühler.
- Mit beginnender Bewurzelung immer mehr Luft und viel Licht – aber keine pralle Sonne!

WAS
HILFT DABEI?

- Abdeckhaube oder Folienüberspannung
- Warmer, heller Fensterplatz
- Wenn nötig, Minigewächshaus mit Bodenheizung oder eine Heizmatte sowie Vermehrungsleuchten.

WIE
GEHT DAS AM BESTEN?

Abdecken

- Eine Kunststoffhaube sorgt für Wärme und vor allem für hohe Luftfeuchtigkeit.
- Das ist sehr wichtig, denn die Stecklinge haben ja anfangs keine Wurzeln, um die Verdunstung über die Blätter auszugleichen.

- Für einen „warmen Fuß" sorgt ein Standort auf einer Fensterbank, unter der sich ein Heizkörper befindet oder eine spezielle Heizmatte, die im Gartenfachhandel erhätlich ist.

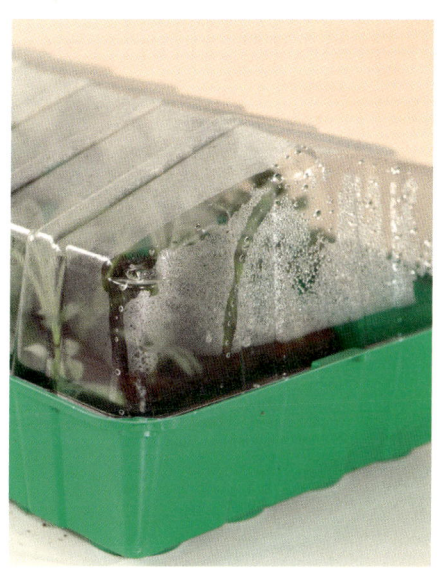

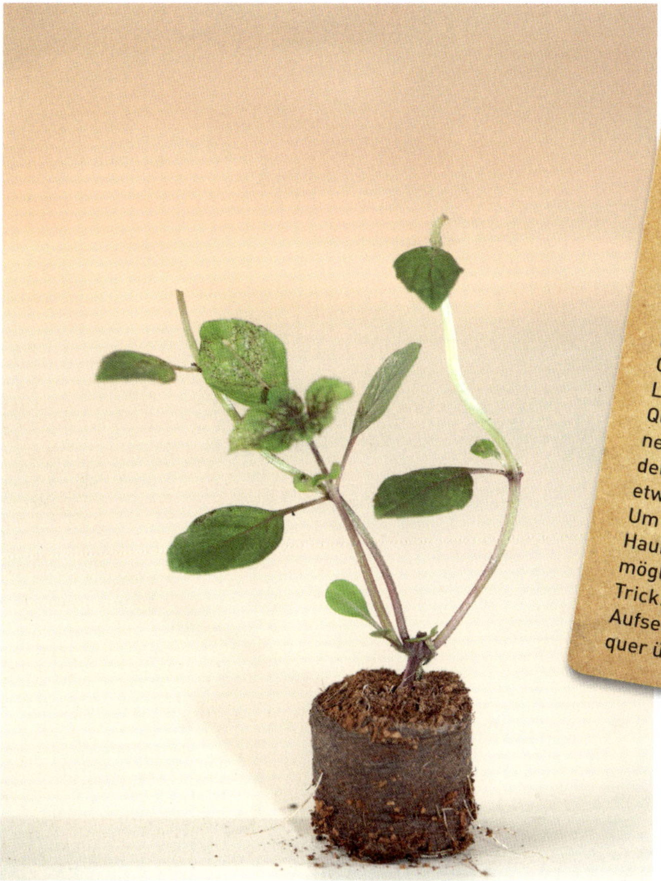

KOSMOS

SOFORTHELFER

Die Abdeckhaube bewahrt meist auch die Feuchtigkeit im Substrat, sodass kaum Gießen notwendig wird. Lassen Sie aber Erde bzw. Quelltöpfe nie austrocknen und gießen Sie nach deutlichem Neuwachstum etwas mehr.

Um bei dicht schließenden Hauben die Lüftung zu ermöglichen, hilft ein kleiner Trick: Legen Sie vor dem Aufsetzen einen Bleistift quer über eine Ecke.

Lüften

- Nehmen Sie die Haube am besten täglich kurz zum Lüften ab. Andernfalls droht Schimmel oder Fäulnis.
- Neuer Austrieb (meist nach wenigen Wochen) zeigt erfolgreiche Bewurzelung an. Dann zunehmend länger lüften und schließlich die Haube ganz entfernen.

Probleme

- Wächst der Steckling staksig, mit langen, dünnen Trieben und aufgehellten, kleinen Blättern, liegt das meist an Lichtmangel. Man spricht dann vom Vergeilen des Stecklings.
- Stellen Sie die Stecklinge möglichst hell, z. B. an einem lichtreichen Ostfenster, auf.

PROBLEME

WIE
BEUGE ICH SCHADERREGERN VOR?

- Erde weder zu nass noch zu trocken halten, nicht über die Blätter gießen.
- Zurückhaltend düngen.
- Pflanzenstärkungsmittel einsetzen.
- Befallene Blätter und Triebe frühzeitig entfernen.
- Schädlinge abstreifen oder abbürsten.

WO
ÜBERWINTERE ICH PFLANZEN?

- Rosmarin und andere empfindliche Kräuter drinnen, hell bei 4–12°C.
- Robustere Kräuter draußen, mit gutem Schutz.

WAS
HILFT MIR DABEI?

Vorbeugung

- Gelbsticker oder Gelbtafeln sind mit Leim beschichtet, sodass durch die gelbe Farbe angelockte Weiße Fliegen, Minierfliegen, Trauermücken und andere Schädlinge an ihnen kleben bleiben.
- Sie schützen Pflanzen im Zimmer, Wintergarten und Gewächshaus.

Spinnmilben

- Spinnmilben verursachen zahlreiche winzige, helle Pünktchen auf den Blättern. Sie lieben Wärme und Trockenheit.
- Abhilfe: stark befallene Blätter entfernen; Schachtelhalmjauche, Knoblauchtee, Kaliseifen- oder Neem-Präparate spritzen

BASICS # ÜBERWINTERUNG

WIE
GEHT DAS AM BESTEN?

KOSMOS
SOFORTHELFER
Die größte Gefahr beim Überwintern draußen ist das komplette Durchfrieren des Wurzelballens. Nehmen Sie deshalb kleine Töpfe besser vorübergehend nach drinnen, wenn starke Fröste drohen. Der Frost kann von allen Seiten an den Wurzelballen dringen und ihn viel schneller durchfrieren wie bei frei in der Erde wachsenden Pflanzen.

Draußen überwintern

- Die Töpfe an einen geschützten Platz an der Hauswand stellen, am besten auf dicke Styroporplatten oder Bretter.
- Töpfe mit Luftpolsterfolie umhüllen; die Erdoberfläche mit Fichtenzweigen, Laub oder Kokosscheiben abdecken.
- Vor stärkeren Frösten komplett mit Vlies abdecken.

Aufwand abwägen

- Überlegen Sie vor dem Überwintern, ob sich der Aufwand wirklich lohnt.
- Meist ist nämlich das Material wie Vlies, Luftpolsterfolie und der Aufwand mehr Wert, als eine neue Pflanze im Frühjahr kosten würde.
- Besser im Herbst abernten und im Frühjahr neu kaufen!

WANN
KANN ICH ERNTEN?

- Am besten vormittags, an einem sonnigen Tag.
- Blätter und Triebspitzen für den Frischverzehr: fortlaufend, in kleinen Mengen, von Frühjahr bis Herbst oder Winter
- Ganze Triebe zum Konservieren: Meist am besten kurz vor der Blüte; bei manchen Kräutern auch blühend (z. B. Thymian, Oregano, Lavendel)

WIE STARK
KANN ICH ERNTEN?

- Von noch jungen Kräutern sowie über Winter sehr zurückhaltend.
- Ganze Triebe bei Einjährigen knapp über dem Topfrand schneiden, bei Mehrjährigen höchstens die obere Hälfte.

WIE
GEHE ICH VOR?

Pflücken per Hand

- Größere Blätter und teils auch Triebspitzen lassen sich oft einfach mit der Hand pflücken oder abknipsen.
- Vermeiden Sie aber Verletzungen der Pflanze und des Ernteguts
- Verwenden Sie im Zweifelsfall besser Schere oder Messer.

Ernten mit der Schere

- Schnittlauch sowie feinblättrige Kräuter mit dünnen Trieben lassen sich am besten mit Schere oder Messer ernten.
- Achten Sie auf stets saubere, scharfe Klingen und einen glatten, schonenden Schnitt.

KOSMOS
SOFORTHELFER

Können die geernteten Kräuter nicht gleich weiter verarbeitet werden, sollten sie umgehend an einen schattigen, kühlen Platz kommen. Für eine längere Zwischenlagerung in feuchte Tücher einschlagen und (wie Spargel) im Kühlschrank aufbewahren. Größeres Schnittgut hält sich in Gläsern wie in einer Vase mit etwas Wasser durchaus mehrere Tage.

Kräuter säubern

- Kräuter mit <u>anhaftenden Erdresten</u> oder <u>Staub</u> kann man <u>kurz</u> unter den Wasserhahn halten.
- Kräuter <u>zum Konservieren</u> möglichst <u>wenig waschen,</u> nur mit sanftem Strahl abspülen.

Abtrocknen

- <u>Zu kräftiges Waschen</u> kann das <u>Aroma beeinträchtigen.</u>
- Besonders Kräuter, die <u>konserviert</u> werden sollen, gleich <u>nach dem Waschen mit Küchenpapier</u> trocken tupfen.

EINFRIEREN

WAS
KANN ICH EINFRIEREN?

- Blätter und Triebspitzen fast aller Kräuter
- Wenig oder gar nicht geeignet sind Gartenkresse, Lavendel, Currykraut und Zitronengras.
- Kräuter stets in kleinen, gebrauchsgerechten Portionen einfrieren.

WELCHE
MÖGLICHKEITEN GIBT ES?

- Unzerkleinert einfrieren in Gefrierbeuteln oder –dosen (z. B. Petersilie oder Dill im Bund).
- Zerkleinert einfrieren in kleinen Tüten oder Alufolie.
- Zerkleinert als Kräuter-Eiswürfel einfrieren.

WIE
MACHE ICH KRÄUTER-EISWÜRFEL?

Kräuter klein schneiden

- Zum schonenden Zerkleinern der Kräuter brauchen Sie ein scharfes, sauberes Messer.
- Besonders gut eignet sich ein spezielles Kräuterwiegemesser oder auch ein Keramikmesser.

Eiswürfelschale befüllen

- Die klein geschnittenen Kräuter einzeln oder auch in einer bewährten Würzmischung in die Fächer der Eiswürfelschale füllen.
- Ist nur ein Würfelgitter vorhanden, dieses in eine flache Schale oder auf einen gefrierfesten Teller legen.

KOSMOS
SOFORTHELFER

Gefrorene Kräuter eignen sich am besten für Kochgerichte oder Suppen, denen sie – noch gefroren – kurz vor Ende der Garzeit zugegeben werden. Andernfalls muss man sie nach dem Auftauen sofort verwenden, da sie schnell „matschig" werden und an Würzkraft und Aroma verlieren.

Mit Mineralwasser auffüllen

- Etwas Wasser – am besten „stilles" Mineralwasser – darüber gießen.
- Anschließend die Schale ins Gefrierfach (***-Fach) stellen.

Kräuter-Eiswürfel

- Die gefrorenen Kräuterwürfel vorsichtig aus der Schale lösen und dann einzeln oder in Tiefkühltüten oder –dosen verpacken.
- Beschriften Sie die Tüten oder Dosen mit den Namen der Kräuter und dem Einfrierdatum.

TROCKNEN UND EINLEGEN

WAS
LÄSST SICH TROCKNEN?

- Besonders gut aromatische, <u>me-diterrane Kräuter,</u> auch manche Küchen- und Teekräuter
- Wenig oder <u>gar nicht geeignet</u> sind Basilikum, Zitronenmelisse, Kerbel, Koriander, Dillblätter, Kresse, Schnittlauch.

WAS
LÄSST SICH IN ÖL EINLEGEN?

- Besonders gut alle <u>mediterranen Kräuter</u> (meist auch für Essig geeignet).
- Außerdem Basilikum, Estragon, Majoran, Petersilie, Schnittlauch, Liebstöckel und Currykraut.

WIE
GEHT DAS AM BESTEN?

Im Backofen trocknen

- Die Pflanzenteile <u>locker</u> auf Alufolie oder <u>Backpapier</u> auf einem Rost oder Blech ausbreiten und in den Backofen geben.
- Den Backofen auf <u>30 – 35 °C</u> einstellen und die Tür einen Spalt offen lassen.
- Meist sind die Kräuter schon <u>nach weni-gen Stunden</u> getrocknet.

Kräuter an der Luft trocknen

- Dazu <u>Triebe in lockeren Bündeln</u> zusammenbinden und kopfüber aufhängen. Einzelne Blätter und Triebe können in flachen Kisten, auf Sieben oder aufgespannten Vliesen ausgebreitet werden.
- Der <u>Trocknungsort</u> muss <u>sehr warm, aber luftig und schattig</u> sein.

KOSMOS
SOFORTHELFER

Die im Öl extrahierten Pflanzenreste sollten vor der Lagerung abgeseiht werden. Sie zerfallen in der Flasche und sehen nicht besonders appetitlich aus.

Schön wirkt es aber dennoch, wenn man (z. B. vor dem Servieren) dann ein oder zwei frische Zweige als „Dekoration" in das fertige Öl legt.

Einlegen in Öl

- Sie brauchen dafür verschließbare Flaschen und hochwertiges Pflanzenöl.
- Einige Triebe (meist genügen drei bis vier pro halbem Liter Öl) in die Flasche stecken oder vor dem Einfüllen des Öls den Boden gut mit Kräutern bedecken.

Lagerung

- Die verschlossene Flasche an einen warmen, hellen Platz stellen und alles zwei bis drei Wochen ziehen lassen. Die Flaschen des Öfteren etwas schütteln.
- Dann die Pflanzenreste über ein Sieb oder Tuch abseihen, in saubere Flaschen umfüllen. Dunkel und kühl aufbewahren.

KRÄUTERSALZ

WAS
EIGNET SICH DAFÜR?

- Besonders gut Basilikum, Bohnenkraut, Majoran, Estragon, Petersilie, Liebstöckel, Thymian.
- Je nach Geschmack auch Rosmarin, Oregano, Salbei, Dill, Schnittsellerie, Schnittlauch, Pfefferminze, Zitronenmelisse und beliebige Mischungen.

WAS
BRAUCHE ICH DAFÜR?

- Frische oder getrocknete Kräuter
- Kochsalz, am besten grobes Meersalz: rund 100 g auf 400 g Frischkräuter oder auf 200 g Trockenkräuter (je nach Geschmack)

WIE
GEHT DAS AM BESTEN?

Kräuter klein schneiden

- Frische Kräuter möglichst <u>fein zerkleinern.</u> Das geht notfalls auch mit dem Stabmixer.
- Bei getrockneten Kräutern die Blätter von den Stängeln streifen und mit den Fingern zerrebeln.

Salzen

- Die Kräuter in eine Schüssel geben und das Salz hinzufügen.
- Nehmen Sie im Zweifelsfall <u>erst etwas weniger Salz</u> und schmecken Sie nach dem Mischen ab.

KOSMOS
SOFORTHELFER

Salz mit Frischkräutern klumpt zwangsläufig ein wenig, schmeckt aber am besten und intensivsten. Soll das Salz länger aufbewahrt werden, eignen sich zuvor getrocknete Kräuter besser als frische mit viel Feuchtigkeit.
Damit das Salz lange streufähig bleibt, geben Sie einige Reiskörner mit in das Salzgefäß.

Mischen

- Kräuter und Salz gründlich vermischen.
- Bei größeren Mengen, vor allem an Frischkräutern, ist ein Mixer hilfreich.

Trocknen lassen

- Frischkräuter-Salz trocknen lassen. Wenn nötig, kurz bei niedriger Temperatur (und spaltbreit geöffneter Tür) in den Backofen stellen.
- Vor dem Aufbewahren die Mischung vollständig trocknen lassen, in Gläschen füllen und ein paar Reiskörner zugeben.

KRÄUTERPESTO

WAS
BRAUCHE ICH DAFÜR?

- Basilikum: 100 – 250 g
- Olivenöl: 100 – 150 ml
- Pinienkerne: etwa 2 Esslöffel bzw. 100 g
- Parmesan: 50 – 80 g
- Je nach Geschmack: 1 bis 4 Knoblauchzehen
- Salz: etwa ½ Teelöffel
- Mörser mit Stößel oder Küchenmixer

WELCHE
KRÄUTER EIGNEN SICH NOCH?

- Ähnliche Kräuterpasten können Sie z. B. aus Kerbel, Oregano, Bärlauch oder Salbei herstellen, ja sogar mit Minze (z. B. für Lammgerichte).

WIE
GEHT DAS AM BESTEN?

Vorbereiten

- Stellen Sie alle nötigen Zutaten bereit.
- Das Basilikum leicht abspülen, trocken tupfen und die Blätter abzupfen.

Pinienkerne mahlen

- Die Pinienkerne in einer Pfanne ohne Fett goldgelb rösten.
- Dann abkühlen lassen und zermahlen.

Zutaten mischen

- Den Knoblauch schälen und zerkleinern, den Parmesan reiben.
- Alle Zutaten in den Mörser geben und 1 bis 2 El Olivenöl darüber gießen.

Mörsern und zerkleinern

- Die Zutaten mit dem Stößel gründlich vermischen und zerstoßen.
- Dabei nach und nach das restliche Öl in kleinen Mengen zugeben und unterrühren, bis eine pasten-artige Konsistenz entsteht.
- Mörser mit Stößel ist die „klassische" Variante, es geht aber auch mit dem Mixer.

BASILIKUM

DAS KÖNIGLICHE KRAUT *BASILIKUM*

DER NAME BASILIKUM LÄSST SICH VOM GRIECHISCHEN „BASILEUS" FÜR „KÖNIG" ABLEITEN. IM DEUTSCHEN IST DIE PFLANZE AUCH ALS KÖNIGSKRAUT BEKANNT. DAS WEIST BEREITS AUF DIE HOHE WERTSCHÄTZUNG FÜR DAS GERADEZU KÖNIGLICHE AROMA DES BASILIKUM HIN, DAS NICHT NUR MIT DEM GESCHMACK VON TOMATEN WUNDERBAR HARMONIERT.

HERKUNFT

Wegen seiner besonderen Bedeutung in der italienischen Küche kann man das Basilikum auch zu den mediterranen Kräutern zählen. Doch seine recht hohen Wärme- und Feuchtigkeitsansprüche deuten schon an, dass der Ursprung woanders liegt, und zwar vermutlich in Vorderindien. Von dort gelangte es bereits in der Antike in den Mittelmeerraum und schließlich im 12. Jahrhundert auch nach Mitteleuropa.

VERWENDUNG

Insalata Caprese mit Tomaten, Mozzarella, Basilikum und Olivenöl ist „der" Klassiker unter den italienischen Salaten, und ein Pesto aus Basilikumblättern (siehe S. 38) macht selbst einfache Spaghetti zum köstlichen Genuss. Ebenso gut eignen sich die Blätter als Pizzabelag, als Bestandteil von Tomaten- und anderen Salaten, als Würze an verschiedenen Fleisch- und Fischgerichten, für Kräutersoßen, Kräuterbutter und sogar für erfrischende Kräuterdrinks. Für solche Zwecke sollte Basilikum möglichst frisch verwendet und bei Kochgerichten erst gegen Ende der Garzeit zugegeben werden. Ein Tee aus Basilikumblättern kann bei Verdauungsbeschwerden und Blähungen helfen.

KONSERVIEREN

Basilikumblätter lassen sich zwar trocknen, verlieren dann aber stark an Aroma. Wesentlich bessere Methoden sind Einfrieren, Einlegen in gutes Öl oder das Verarbeiten zu Pesto.

PFLEGE

WOHER
BEKOMME ICH PFLANZEN?

- Jungpflanzen kaufen: in Gärtnerei oder Gartencenter. Supermarkt-Basilikum geht meist nach kurzer Zeit ein.
- Durch Anzucht aus Samen: Ende März bis Mai bei 18–22 °C (Lichtkeimer)
- Durch Direktsaat in Töpfe mit Saatscheiben, ab April
- Beim Strauch-Basilikum durch Stecklinge (siehe Seite 24)

WAS
BRAUCHT BASILIKUM?

- Viel Wärme: Erst ab Mitte Mai ins Freie stellen.
- Sonne, aber keine pralle Mittagssonne
- Feuchtigkeit, aber keinesfalls Staunässe
- Hoher Nährstoffbedarf

WORAUF
MUSS ICH ACHTEN?

Erste Pflege

- Folie bei verpackten Pflanzen umgehend entfernen.
- Wählen Sie einen warmen, sonnigen Platz. Für die Kultur draußen ist ein windgeschützter Platz auf einem überdachten Süd- oder Südostbalkon ideal.

Feuchtigkeit prüfen

- Gleich gießen, falls die oberste Erdschicht ausgetrocknet ist.
- Topfen Sie die Pflanze um, wenn der Verkaufstopf zu klein oder die Erde stark vernässt ist und vielleicht sogar schon Schimmelspuren zeigt.

KOSMOS
SOFORTHELFER
Für Töpfe und Balkonkäs-
ten gibt es kleinwüchsige
Sorten wie das Buschba-
silikum (S. 46), 'Balkon-
star', 'Piccolo' oder 'Mini'.
Besonders robust sind
veredelte Jungpflanzen,
die Sie in Spezialgärtnerei-
en kaufen können.
Für den Alltagsgebrauch
lohnt es sich, mehrere
Töpfe vorrätig zu haben,
damit immer genug fri-
sches Erntegut vorhanden
ist.

Richtig gießen

- Die Erde sollte stets mäßig feucht sein.
  Wenn Sie über den Untersetzer gießen,
  holen sich die Wurzeln von selbst, was sie
  brauchen.
- Etwa eine halbe Stunde nach dem Gießen
  auskippen, was noch im Untersetzer
  steht.

Weitere Pflege

- Erscheinen ab Juni/Juli Blüten, diese ausknipsen
  oder – besser noch – den ganzen oberen Blütenbe-
  reich am Trieb wegschneiden.
- Alle paar Wochen mit mäßig dosiertem Flüssigdünger versorgen.

PROBLEME

WIE
BEUGE ICH KRANKHEITEN VOR?

- Nicht zu nass halten.
- Nicht über die Blätter gießen.
- Nicht zu stark düngen.
- Nicht zu eng säen oder pflanzen.
- Drinnen auf ausreichende Lüftung achten.
- Draußen regengeschützt aufstellen.
- Pflanzenstärkungsmittel einsetzen.
- Befallene Blätter und Triebe entfernen.

WAS
HILFT GEGEN SCHÄDLINGE?

- Ablesen oder abstreifen.
- Gelbsticker mit Leim
- Für Kräuter zugelassene Naturstoff-Spritzmittel (z. B. mit Kaliseife, Rapsöl, Neem)
- Nützlinge aus dem Fachhandel (z. B. Florfliegen, Raubmilben)

WAS
KANN ICH DAGEGEN TUN?

Stängelfäulen und Welken

- Verschiedene Schadpilze können Fäulnis am Stängelgrund (Schwarzbeinigkeit) verursachen, teils schon bei der Anzucht.
- Zu nasse Erde unbedingt vermeiden.
- Ggut durchlässige Erde wählen, auf Dränage im Topf achten.

Schimmel und Blattpilze

- Mehltau und andere Pilzkrankheiten werden besonders durch die Kombination von hoher Feuchtigkeit und Kälte gefördert.
- Sehr wichtig: Verpackungsfolie gleich entfernen, über Untersetzer gießen.

KOSMOS

SOFORTHELFER

Sind Pflanzen stärker von Krankheiten oder Schädlingen befallen, werden sie am besten ganz entfernt. Aufwendige Maßnahmen lohnen sich meist nicht – und giftige Spritzmittel verbieten sich bei Kräutern von selbst. Ohnehin sollten Sie bei jeglicher Pflanzenrettung überlegen, ob es nicht sinnvoller ist, sich einfach einen neuen Kräutertopf zu kaufen.

Schneckenfraß

- Nicht nur im Garten, sondern auch auf der Terrasse fressen Schnecken gern an jungen Blättern. Die Töpfe möglichst hoch stellen.
- Die lästigen Mollusken frühzeitig absammeln. Ungiftige Schneckenköder (mit Eisen-III-Phosphat) ausstreuen.

Hitzeschaden

- Basilikum braucht Sonne, verträgt aber Dauerhitze an einem prallsonnigen Südfenster schlecht.
- Wenn die Pflanzen draußen gleich in die volle Sonne gestellt werden, kann es zu Sonnenbrand kommen.

BEWÄHRTE ARTEN UND SORTEN

Genoveser Basilikum
(Ocimum basilicum 'Genoveser')

Wuchs
- 20–60 cm hoch
- Blätter saftig grün, aufgewölbt
- Stängel grün, weich

Verwendung
- Klassisches Basilikum für die Italienische Küche.

Besonderheiten
- Wird in Sortenvarianten mit teils unterschiedlichen Blättern angeboten, z.B. 'Großes Grünes Genoveser', 'Aton', 'Serrata' (große Blätter).

Busch-Basilikum
(Ocimum basilicum var. minimum)

Wuchs
- 15–40 cm hoch, kompakt, teils kugelförmig
- Blätter klein, kräftig grün
- Stängel zart, grün

Verwendung
- Sehr aromatisches Basilikum für mediterrane Gerichte.

Besonderheiten
- Vorsichtig gießen.
- Ist auch als Griechisches Basilikum und in Sorten wie 'Piccolini' im Handel.

Thai-Basilikum Horapa
(Ocimum basilicum)

Wuchs
- 30–60 cm hoch
- Blätter mittelgroß, grün
- Stängel violett, kräftig

Verwendung
- Für asiatische Gerichte, z.B. Suppen, Curries, Fisch
- Aroma leicht süßlich, anis- bis lakritzartig.

Besonderheiten
- Ein attraktives Basilikum, besonders wenn man einige der rosa Blüten stehen lässt.

Zitronen-Basilikum
(Ocimum basilicum var. citriodorum)

Wuchs
- 20–40 cm hoch
- Blätter mittelgroß, hell- bis dunkelgrün
- Stängel grün oder rötlich

Verwendung
- Für Salate und Süßspeisen
- Basilikumgeschmack mit zitroniger Note.

Besonderheiten
- Treibt nach Rückschnitt wieder gut durch.

Rotes Basilikum
(Ocimum basilicum 'Opal')

Wuchs
- 20–40 cm hoch
- Blätter violett grünlich bis dunkel purpurrot
- Stängel bronzegrün

Verwendung
- Kräftiger Geschmack, in Salaten sehr dekorativ.

Besonderheiten
- Es gibt Sorten mit unterschiedlichen Rotnuancen, z. B. 'Red Rubin', 'Bordeaux' oder 'Opal'.

Strauch-Basilikum
(Ocimum kilimandscharicum 'African Blue')

Wuchs
- 30–50 cm hoch, buschig
- Blätter dunkelgrün, violett geadert
- Stängel violett, leicht behaart

Verwendung
- Herbes Würzkraut für die exotische Küche.

Besonderheiten
- Mehrjährig; kann bei 15–20 °C an einem hellen, luftigen Platz überwintert werden.

PETERSILIE

DIE
10
SCHNELLSTEN
ANTWORTEN

GESUNDER MUNTERMACHER

DIE PETERSILIE GENIESST SEIT ALTERS DEN RUF, LIEBESMÜDE MÄNNER WIEDER MUNTER ZU MACHEN. UNBESTRITTEN IST JEDENFALLS, DASS DAS POPULÄRE KÜCHENKRAUT MIT HOHEN GEHALTEN AN WICHTIGEN VITAMINEN UND MINERALSTOFFE AUFWARTET UND VIELE POSITIVE AUSWIRKUNGEN AUF DIE GESUNDHEIT HAT, BESONDERS BEI MAGEN- UND HARNWEGBESCHWERDEN.

HERKUNFT

Obwohl „das Peterle" fast schon als Inbegriff der traditionellen deutschen Küche gilt, gehört es ursprünglich zu den mediterranen Kräutern: Beheimatet im östlichen Mittelmeerraum, wurde die Petersilie schon von den alten Römern über die Alpen nach Mitteleuropa gebracht.

VERWENDUNG

Salate, Suppen, Rind- und Lammfleisch, Gemüsegerichte und Eierspeisen, Kräuterquark, -butter und -drinks: Die gesunden, würzigen Blätter lassen sich ungemein vielseitig einsetzen. Sie sind auch ein wichtiger Bestandteil des französischen Bouquet garni und der Fines Herbes, der Frankfurter Grünen Soße und der Hamburger Aalsuppe. In der Regel sollte man die Blätter stets roh zugeben, also nicht mitkochen. Die kleinen Rüben der Wurzelpetersilie eignen sich ebenfalls gut als Rohkost, munden aber auch lecker, wenn sie in Suppen und Eintöpfen mitgekocht, gedünstet oder püriert werden.

KONSERVIEREN

Bei Blatt- wie Wurzelpetersilie ist Einfrieren eine gute Lösung. Die Blätter lassen sich auch trocknen oder in Öl einlegen, die (ungewaschenen) Rüben an einem kühlen Platz (um 1 °C) über Monate lagern. Im Garten kann man sie über Winter einfach im Beet lassen und nach Bedarf ernten.

WOHER
BEKOMME ICH PFLANZEN?

- Durch Kauf von Jungpflanzen.
- Durch Anzucht aus Samen ab Ende Februar.
- Durch Direktsaat in Töpfe mit Saatscheiben, ab Mitte März.

WAS
BRAUCHT PETERSILIE?

- Licht, aber keine pralle Sonne; im Zweifelsfall besser halbschattig aufstellen.
- Gleichmäßig leichte Feuchte. Vorm nächsten Gießen Erdober-fläche abtrocknen lassen.
- Recht viel Nährstoffe: Alle paar Wochen mit mäßig dosiertem Flüssigdünger versorgen.

WORAUF
MUSS ICH ACHTEN?

Krausblättrige Petersilie

- Die klassische Petersilie für <u>Salate und zum Garnieren,</u> erfrischend und saftig. Durch ihren höheren Wassergehalt welkt sie nach der Ernte nicht so schnell wie glatte Sorten.
- Bewährte Sorten sind z.B. 'Mooskrause', 'Grüne Perle' und 'Darki'.

Glattblättrige Petersilie

- Sie gilt als <u>aromatischer</u> und eignet sich besonders gut für <u>mediterrane Salate</u> sowie <u>Suppen</u> und <u>Kochgerichte</u>.
- Bewährte Sorten sind z.B. 'Einfache Schnitt', 'Laura' und 'Gigante d'Italia' (starkwüchsig, sehr robust).

KOSMOS

SOFORTHELFER

Bei der Anzucht und Aussaat von Petersilie brauchen Sie etwas Geduld: Bis die ersten Sämlinge erscheinen, dauert es drei bis vier Wochen. Auch keimt Petersilie nicht gleichmäßig, d. h. die Pflanzen sind beim Pikieren unterschiedlich groß. Säen Sie immer mehr aus, als sie später brauchen, damit sie die Pflanzen in gleichgroße Gruppen zusammensetzen können.

Gelbe Blätter

- Gelbe Blätter gleich entfernen.
- Gelbe Blätter und Kümmerwuchs resultieren meist aus zu nasser oder zu trockener Haltung. Manchmal liegt es auch an schlechter Nährstoffversorgung, zuwenig Licht oder zuviel praller Sonne.

Ernten

- Schneiden Sie das Laub <u>mitsamt Stielen</u> ab, lassen Sie aber die <u>inneren Herzblätter</u> für den nächsten Austrieb stehen.
- An mäßig warmen, hellen Plätzen ist <u>Ernte bis in den Winter möglich</u>
- Bei <u>kühler Überwinterung</u> kommt es teilweise zum <u>Neuaustrieb im Frühjahr.</u>

WURZELPETERSILIE ANTREIBEN

WARUM
ANTREIBEN?

- So können Sie den ganzen Winter über frische Petersilie ernten.
- Zur Ernte der Rüben wird Wurzelpetersilie im März oder April gesät.

WAS
BRAUCHE ICH DAFÜR?

- Im Spätherbst geerntete Rüben der Wurzelpetersilie.
- Einen hohen Topf mit Wasserabzugsloch im Boden.
- Mit etwas Sand vermischte Kräuter- oder Kübelpflanzenerde.

WIE
GEHT DAS AM BESTEN?

Die Rüben vorbereiten

- Verwenden Sie nur unbeschädigte, kräftige Rübchen. Schneiden Sie das Laub auf rund 3–4 cm über dem Rübenkopf zurück.
- Achten Sie darauf, dass die inneren Herzblätter bzw. Triebknospen unbeschädigt bleiben.

- Bohren Sie mit einem Pikierstäbchen oder Bleistift ein Loch in die Erde im Topf, so tief wie die Rübe lang ist.
- Stecken Sie die Rüben in die Erde und drücken Sie sie leicht an.

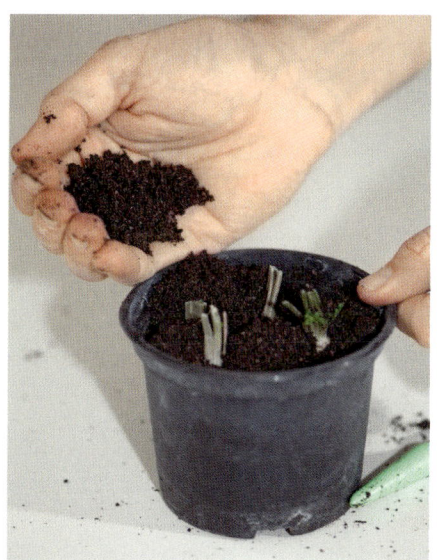

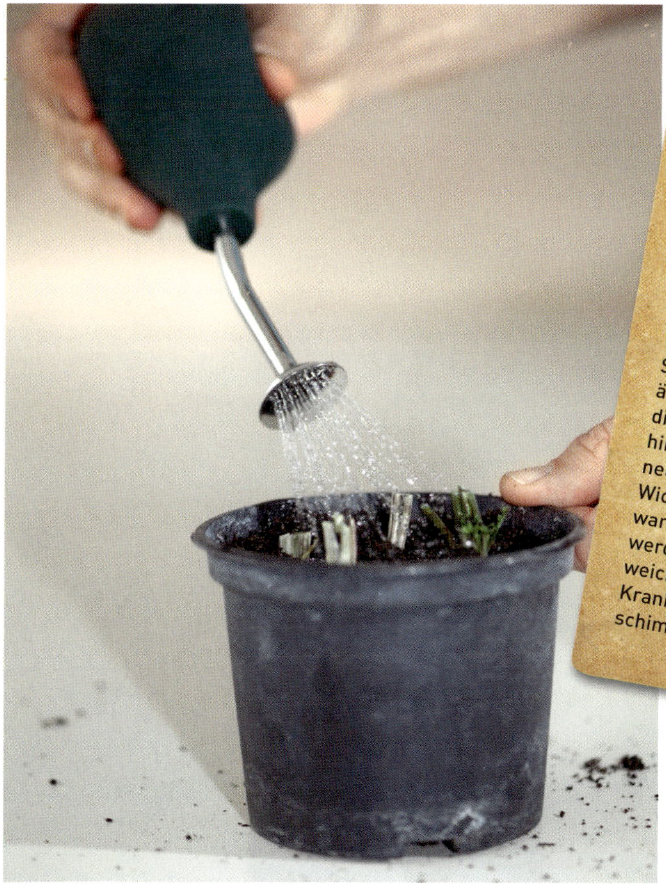

KOSMOS
SOFORTHELFER
Bis zum ersten Austrieb kann es gut vier bis sechs Wochen dauern. Ernten Sie dann immer nur die äußeren Blätter. So treiben die Rüben bis in den März hinein immer wieder neues Grün.
Wichtig ist ein nicht zu warmer Stand, denn dann werden die Triebe lang und weich und sind anfällig für Krankheiten wie Grauschimmel (Botrytis).

Erde auffüllen

- Füllen Sie, wenn nötig, noch etwas Erde auf.
- Zum Schluss sollten nur noch die Rübenköpfe mit den Blattansätzen herausschauen.

Angießen

- Feuchten Sie die Erde gut an. Sie soll auch in der Folgezeit leicht feucht bleiben. Vermeiden Sie aber starke Nässe, sonst faulen die Rüben.
- Stellen Sie die Töpfe hell bei 12 – 15 °C auf.
- Nicht zu viel auf einmal ernten, da sich die Pflanze sonst verausgabt und eingehen kann.

SCHNITTLAUCH & CO

DIE
14
SCHNELLSTEN
ANTWORTEN

ERFRISCHEND SCHARF *SCHNITTLAUCH & CO*

MIT SEINER KRÄFTIGEN WÜRZE VERLEIHT DER SCHNITTLAUCH ZAHLREICHEN GERICHTEN FRISCHEN PEP. ZU SEINEM REICHEN ANGEBOT AN VITALSTOFFEN GESELLEN SICH ALS „SCHARFMACHER" AUCH SCHWEFELVERBINDUNGEN, DIE NACHWEISLICH AUCH DIE IMMUNKRÄFTE STÄRKEN. WER ES GERN KNOBLAUCH-ARTIG MAG, KANN DAS REPERTOIRE MIT DEM SCHNITTKNOBLAUCH ERWEITERN.

HERKUNFT

Der Schnittlauch ist schon so lang in großen Teilen Europas, Asiens und Nordamerikas verbreitet, dass sich seine Ursprungsregion kaum noch feststellen lässt. Als Kulturpflanze allerdings wird er in unseren Breiten erst seit dem frühen Mittelalter genutzt. Der Schnittknoblauch, auch als Knoblauchschnittlauch oder Knolau bekannt, stammt aus China.

VERWENDUNG

Die klein geschnittenen Röhrenblätter des Schnittlauchs haben sich seit jeher in Salaten, Quark, Kräuterbutter, Suppen und an Eierspeisen bewährt, passen aber auch zu manchen Fisch- und Fleischgerichten, z. B. zu Lachs und Geflügel. Schnittlauch gehört außerdem in jede gute Frankfurter Grüne Soße und Hamburger Aalsuppe sowie zu den Fines herbes der französischen Küche. Bei Kochgerichten sollte er erst ganz zum Ende der Garzeit zugegeben werden.
Auf ähnliche Weise lässt sich der grasähnliche Schnittknoblauch verwenden, der z. B. auch asiatische Pfannen-gerichte hervorragend abrundet. Seine Blätter bestechen mit mildem Knoblauchgenuss, der – anders als beim echten Knoblauch – keinen unangenehmen Mundgeruch zur Folge hat.

KONSERVIEREN

Die klein geschnittenen Röhrenblätter sowohl des Schnittlauchs als auch des Schnittkonlauchs können einge-froren werden, am besten im Eiswürfelbehälter. Sie lassen sich auch in Öl oder Salz einlegen.

WOHER
BEKOMME ICH PFLANZEN?

- Durch Kauf von Jungpflanzen.
- Durch Anzucht aus Samen ab Ende Februar; Sämlinge in Büscheln verpflanzen.
- Durch Direktsaat in Töpfe mit Saatscheiben, ab März.

WAS
BRAUCHT SCHNITTLAUCH?

- Sonne, verträgt aber auch Halbschatten
- Gleichmäßig leichte Feuchte
- Nach dem Neuaustrieb im Frühjahr mit Flüssigdünger versorgen. Bei häufiger Ernte im Sommer ein- bis zweimal nachdüngen.

WORAUF
MUSS ICH ACHTEN?

Erste Pflege

- Entfernen Sie bei verpackten Pflanzen umgehend die Folie.
- Meist ist der Verkaufstopf sehr eng. Topfen Sie in dem Fall gleich um.

Gießen

- Die Erdoberfläche kann etwas abtrocknen. Wenn aber auch die Schicht direkt darunter trocken wird, ist es Zeit zum Gießen.
- Vermeiden Sie Vernässung und lassen Sie kein Wasser im Untersetzer stehen.

KOSMOS
SOFORTHELFER

Keine Sorge, wenn zum Winter hin die Blätter gelb werden: Die Pflanze zieht für ihre Ruhephase das Laub ein. Sofern der Wurzelballen nicht gerade völlig durchfriert, treibt der Schnittlauch im Frühjahr wieder aus.

Ernten

- Die Röhrenblätter können Sie von Frühjahr bis Herbst schneiden.
- Beernten Sie noch junge Pflanzen nicht zu stark, damit sie stets gut nachtreiben. Bei älteren kann dann kräftiger zurückgeschnitten werden.

Blüten entfernen

- Ausbrechen der hübschen Blüten kommt der Blattbildung zugute, ein paar können aber auch stehen bleiben.
- Junge Blüten eignen sich als essbare Dekoration für Salate. Die Blütenhalme sind allerdings kein Genuss.

ANTREIBEN UND RÜCKSCHNITT

WANN
KANN ICH ANTREIBEN?

- Der beste Zeitpunkt zum Ausgraben und Eintopfen ist der November.
- Meist gelingt das Antreiben auch noch im Dezember, ja sogar im Januar. Warten Sie, wenn nötig, bis der Boden frostfrei ist.

WAS
BRAUCHE ICH DAFÜR?

- Ein hellen, mäßig warmen Fensterplatz (bei 15–20 °C)
- Töpfe mit Wasserabzugsloch im Boden
- Geeignete Erde

WIE
GEHT DAS AM BESTEN?

Antreiben für die Winterernte

- Um Schnittlauch über Winter zu ernten, gräbt man im November draußen Schnittlauchbüschel samt Wurzeln aus.
- Am besten ist es, wenn die Pflanzen dann noch einige Tage in der Kälte bleiben und ein wenig Frost abbekommen.
- Alternativ stellen Sie ihn einen Tag bei 30 °C <u>warm</u> auf.

Teilen

- Zerteilen Sie größere Büschel durch <u>Auseinanderziehen</u> und pflanzen Sie die Teilstücke in Töpfe.
- Stellen Sie sie dann zum Treiben an einen geeigneten Fensterplatz und halten Sie die Erde feucht.

SCHNITTLAUCH # RÜCKSCHNITT

KOSMOS
SOFORTHELFER

Das Zerteilen älterer Pflanzen samt Wurzelwerk und Neu-Einpflanzen der Teilstücke ist eine bewährte Maßnahme, wenn mit der Zeit das Wachstum nachlässt. Zugleich können Sie dadurch den Schnittlauch ganz einfach vermehren.

Rückschnitt

- Wenn Sie Schnittlauch nur wenig beernten, nehmen im Sommer die Blüten überhand und der Neutrieb wird immer schwächer.
- Schneiden Sie in dem Fall im Juni, spätestens aber nach der Blüte, die ganze Pflanze kräftig zurück.

Neuer Austrieb

- Selbst nach radikalem Rückschnitt treibt der Schnittlauch recht bald wieder aus.
- Das starke Zurückschneiden kann auch helfen, wenn die Pflanze aus verschiedenen Gründen schlecht wächst, teils sogar bei Krankheiten.

PFLEGE

WOHER
BEKOMME ICH PFLANZEN?

- Durch Anzucht aus Samen von März bis Juni (Lichtkeimer)
- Durch Kauf von Jungpflanzen, die aber nur gelegentlich angeboten werden

WAS
BRAUCHT SCHNITTKNOBLAUCH?

- Sonne, verträgt aber auch Halbschatten
- Gleichmäßig leichte Feuchte
- Nach dem Neuaustrieb im Frühjahr mit Flüssigdünger versorgen. Bei häufiger Ernte im Sommer ein- bis zweimal nachdüngen.

WIE
GEHT DAS AM BESTEN?

Gießen

- Lassen Sie die Erdoberfläche immer etwas abtrocknen, bevor Sie zum nächsten Mal gießen.
- Vermeiden Sie Vernässung und lassen Sie kein Wasser im Untersetzer stehen.

Blüten genießen

- Die schmucken hellvioletten oder weißen Blüten müssen nicht entfernt werden.
- Sie sind als essbare Dekoration, etwa an asiatischen Gerichten, recht lecker und zart.

SOFORTHELFER

KOSMOS

In der asiatischen Küche wird Schnittknoblauch schon lange hoch geschätzt. Als besondere Delikatesse gelten Blütenstiele mit noch geschlossenen Knospen. Der Geschmack und das Aroma sind knoblauchartig, ja selbst die Pflanze verströmt manchmal einen recht strengen Geruch, der in der Wohnung auf Dauer nicht für jede Nase angenehm ist.

Ernte

- Schneiden Sie die Blätter ab dem Austrieb im Frühjahr bis zum Herbst <u>fortlaufend</u> nach Bedarf.
- Schnittknoblauch <u>treibt</u> auch nach einem <u>kräftigeren Schnitt wieder gut</u> durch.

Verwendung

- Die Blätter werden am besten <u>frisch</u> verwendet
- Mit ihrer angenehm <u>leichten Knoblauchnote</u> eignen sie sich sehr gut für Salate, Quark, Soßen, für Eierspeisen, Fisch- und Fleischgerichte oder auch für Kräuterbutter und Brotaufstriche.

KÜCHEN-
KRÄUTER

VIELFALT FÜR DEN GAUMEN *KÜCHENKRÄUTER*

EINE WÜRZIGE „GRUNDAUSSTATTUNG" MIT PETERSILIE, SCHNITTLAUCH UND BASILIKUM LÄSST SICH DURCH VIELE WEITERE AROMATISCHE KRÄUTER BEREICHERN. DIE PALETTE REICHT VON SCHNELLWÜCHSIGEN EINJÄHRIGEN WIE KRESSE, KERBEL UND RUCOLA ÜBER DILL, BLATTKORIANDER, MAJORAN UND SCHNITTSELLERIE BIS HIN ZU STAUDEN WIE ESTRAGON UND LIEBSTÖCKEL.

HERKUNFT

Die meisten dieser Küchenkräuter stammen ursprünglich aus Vorderasien oder dem östlichen Mittelmeerraum und gelangten über Italien in unsere Gefilde.

Der Estragon dagegen hat seinen Ursprung in China. Er wurde von den Arabern erstmals übernommen und durch diese in Europa bekannt. Nach Herkunft der Zuchtformen unterscheidet man den sehr aromatischen Französischen Estragon, den etwas robusteren Deutschen Estragon und den eher herben, sehr winterharten Russischen Estragon.

VERWENDUNG

Mit all diesen Kräutern können Sie Salaten, Quark, Soßen, Suppen oder Eierspeisen eine besondere Note verleihen. Die meisten eignen sich auch gut für Fisch-, Fleisch- und Gemüsegerichte, ebenso für Kräuterbutter. Deftiges wird z. B. durch Estragon, Majoran oder Liebstöckel nicht nur abgerundet, sondern auch bekömmlicher. Diese Kräuter lassen sich gut mitkochen, ebenso Schnittsellerie.

Dagegen sollten Kerbel, Dill, Blattkoriander, Kresse und Rucola (etwa als Pizzabelag) roh zugegeben oder höchstens kurz miterwärmt werden. Vom Dill lassen sich neben den feinen Blättchen auch die Samen nutzen – besonders beliebt zum Einlegen von Gurken.

KONSERVIEREN

Abgesehen von Gartenkresse und Rucola, eignen sich all diese Kräuter recht gut zum Einfrieren. Das Trocknen der Blätter lohnt sich vor allem bei Estragon und Majoran.

KRESSE

WANN
KANN ICH KRESSE SÄEN?

- Drinnen jederzeit, auch im Winter am warmen Fenster.
- Draußen, z. B. im Balkonkasten, von März bis Oktober.

WELCHES
SUBSTRAT BRAUCHT KRESSE?

- Kresse keimt auf jeder Unterlage, die sich gut feucht halten lässt und den Würzelchen etwas Halt bietet.
- Neben Erde eignen sich vor allem Watte und Küchenpapier.
- Zum Ernten der zarten Keimsprossen sind spezielle Keimboxen ideal.

WORAUF
MUSS ICH ACHTEN?

Aussaat auf Watte

- Die Watte gut anfeuchten und die Samen gleichmäßig darauf verteilen.
- Die Samen können recht dicht ausgestreut werden. Sie sind Lichtkeimer, werden nicht abgedeckt.

Keimung

- Stellen Sie die Saat an einen hellen, aber nicht prallsonnigen Platz.
- Halten Sie die Watte stets feucht, am besten mit einem Wasserzerstäuber.
- Schon nach wenigen Tagen sprießen die Keimlinge.

Sprossen und Grünkraut

- Keimsprossen können Sie bereits nach rund einer Woche ernten.
- Das „Grünkraut" wird etwa zwei Wochen nach dem Säen erntereif, wenn die Pflänzchen 5–8 cm hoch sind.

Verwendung

- Schneiden Sie die zarten Sprosse unten ab. Die Kresse wächst nach der Ernte nicht mehr nach.
- Wenn Sie alle ein bis zwei Wochen säen, verfügen Sie stets über frische Kresse.
- Verwenden Sie Gartenkresse stets frisch, z. B. in Salaten, Quark oder einfach als leckeren, gesunden Belag auf dem Butterbrot.

KERBEL

WOHER
BEKOMME ICH PFLANZEN?

- Durch Direktsaat in Topf oder Kasten von März bis August (Lichtkeimer)
- Durch Direktsaat mit Saatscheiben oder -bändern, die das Ausdünnen ersparen.
- In Saatscheiben erhält man den Kerbel meist als Mischung mit anderen Kräutern.

WAS
BRAUCHT KERBEL?

- Sonne oder Halbschatten
- Gleichmäßige Feuchte
- Bei Verwendung guter Erde ist keine Düngung nötig.

WORAUF
MUSS ICH ACHTEN?

Pflege

- Die Pflanzen entwickeln sich am besten, wenn sie 10–20 cm Abstand zueinander haben.
- Säen Sie ruhig etwas dichter, dann können Sie nach dem Aufgehen der Sämlinge die schwächeren herausziehen und nur die kräftigsten weiter kultivieren.

Blüten entfernen

- Kerbel immer vor der Blüte ernten.
- In der Blüte verliert der Kerbel stark an Aroma. Man kann ihn dann kräftig zurückschneiden, sät aber besser neu aus.
- Im Früh- und Hochsommer halbschattig stellen und gut feucht halten, dann blüht der Kerbel nicht ganz so schnell.

Ernte

- Bei früher Saat können Sie ab Mai ernten, bei Sommersaat geht es noch schneller (vier bis fünf Wochen nach dem Säen).
- Wenn Sie nicht zu tief schneiden, treibt der Kerbel neue Blätter nach.

Verwendung

- Die zarten Blättchen mit dem würzigen, leicht anisartigen Geschmack passen gut zu Salaten, Kräuterbutter, Suppen, Gemüsegerichten, Fisch und Geflügel.
- Bei Kochgerichten werden sie am besten erst kurz vor dem Servieren frisch zugegeben.

SCHNITTSELLERIE

WOHER
BEKOMME ICH PFLANZEN?

- Durch Anzucht aus Samen von März bis Mai (Lichtkeimer)
- Gelegentlich werden auch Jungpflanzen angeboten.

WAS
BRAUCHT SCHNITTSELLERIE?

- Sonne; gedeiht auch noch im Halbschatten, wird hier aber weniger aromatisch.
- Gleichmäßige Feuchte
- Recht hoher Nährstoffbedarf

WORAUF
MUSS ICH ACHTEN?

Pflanzen

- Setzen Sie die Pflanzen einzeln oder zu wenigen (10 – 15 cm Abstand) in Töpfe.
- Erst ab Anfang Mai ins Freie stellen.

Pflegen

- Die Erde recht feucht halten, bald gießen, wenn die Oberfläche abgetrocknet ist.
- Alle drei bis vier Wochen etwas Flüssigdünger geben.

KOSMOS
SOFORTHELFER

Sellerie keimt meist recht langsam und unregelmäßig, das ist bei der Anzucht kein Grund zur Sorge. Säen Sie deshalb immer mehr aus, als Sie später brauchen, denn dann haben Sie später beim Pikieren auf jeden Fall genug gleichgroße Pflanzen. Pikieren Sie die Sämlinge nicht einzeln, sondern in Büscheln zu vier bis sechs in kleine Töpfe.

Ernte

- Etwa ab Ende Mai können Sie die Blätter fortlaufend nach Bedarf schneiden.
- Wenn Sie regelmäßig schneiden und dabei die Herzblätter schonen, können Sie bis in den Herbst hinein ernten.

Verwendung

- Sellerie ist ein klassisches Suppengewürz, mundet aber auch in Salaten oder Quark sowie an Soßen.

KORIANDER

WOHER
BEKOMME ICH PFLANZEN?

- Durch Anzucht aus Samen oder Direktsaat in Töpfe, von April bis Juni; drinnen das ganze Jahr über möglich.
- Gelegentlich werden auch Jungpflanzen angeboten.

WAS
BRAUCHT KORIANDER?

- Sonne
- Gleichmäßig leichte Feuchte
- Mittlerer Nährstoffbedarf

WORAUF
MUSS ICH ACHTEN?

Erste Pflege

- Entfernen Sie bei verpackten Pflanzen gleich die Folie und topfen Sie, wenn nötig, um.
- Setzen Sie selbst gezogene Pflanzen einzeln oder zu zweien in Töpfe.

- Lassen Sie die Erdoberfläche jeweils abtrocknen, bevor Sie zum nächsten Mal gießen.
- Alle vier Wochen etwas Flüssigdünger geben.

KOSMOS
SOFORTHELFER

Achten Sie beim Samen- und Pflanzenkauf auf speziellen Blattkoriander (Cilantro).
Normaler Koriander beginnt früh zu blühen und wird hauptsächlich zur Samenernte angebaut. Sobald sich Blütentriebe zeigen, werden die Blätter hart und verlieren schnell ihr typisches, zitronig-asiatisches Aroma.

Ernten

- Nur junge Blätter ernten. Draußen fortlaufend von Juni bis August; drinnen bei zeitlich gestaffelter Aussaat ganzjährig.
- Blattkoriander ist relativ schossfest, kann aber bei starker Hitze Blüten bilden und schmeckt dann nicht mehr.

Verwendung

- Blattkoriander gilt als „die Petersilie Asiens". Er passt aber nicht nur zu Thai-Curry und ähnlichen Gerichten, sondern auch zu Salaten, gedünstetem Gemüse, Fisch oder Fleisch.
- Mit ihrem leicht zitronigen Geschmack eignen sich die Blätter auch für Süßspeisen.

WOHER
BEKOMME ICH PFLANZEN?

- Durch Direktsaat, am besten im Balkonkasten, von April bis August in Folgesaaten (alle paar Wochen); Lichtkeimer
- Gelegentlich werden Jungpflanzen angeboten, zunehmend auch Saatscheiben.

WAS
BRAUCHT DILL?

- Sonne
- Gleichmäßig leichte Feuchte
- Mäßiger Nährstoffbedarf; bei guter Erde keine Düngung nötig

WORAUF
MUSS ICH ACHTEN?

Pflege

- Dillsämlinge vertragen ein <u>Umsetzen</u> oft <u>schlecht,</u> deshalb besser <u>direkt säen.</u>
- Die Samen keimen oft unregelmäßig. Wenn Sie sie gleichmäßig im Balkonkasten ausstreuen, können Sie die frühesten und kräftigsten Sämlinge auswählen (auf 10 – 15 cm Abstand ausdünnen).

Ernten

- Pflücken Sie bevorzugt die jungen, feinen <u>Dillspitzen.</u>
- Draußen lassen sich die Blättchen ab Juni und – bei Augustsaat – bis zum Frostbeginn ernten, drinnen noch länger.

Verwendung

- Die Dillblättchen munden besonders zu Gurken- und anderen Salaten sowie Fischgerichten, in Soßen und Kräuterquark, an Eierspeisen und Kartoffeln.
- Größere Erntemengen lassen sich gut für eine leckere Dillsuppe mit Sahne oder Schmand nulzen.

Blüten und Samen

- Lässt man den Dill blühen, kann man ab Spätsommer oder Herbst die Samen ernten. Die Pflanzen brauchen dann aber recht viel Platz im Topf.
- Zur Samenernte die Dolden abschneiden, wenn sich die Körner braun färben, und kopfuber zum Trocknen aufhängen.

WIE
KOMME ICH ZU PFLANZEN?

- Durch Kauf von Jungpflanzen
- Durch Anzucht aus Samen von Ende März bis Mai (Lichtkeimer)

WAS
BRAUCHT MAJORAN?

- Viel Wärme; erst ab Mitte Mai ins Freie stellen.
- Sonne
- Mäßige Feuchtigkeit, keinesfalls Staunässe.
- Mäßiger Nährstoffbedarf; bei guter Erde keine Düngung nötig.

WORAUF
MUSS ICH ACHTEN?

Erste Pflege

- Entfernen Sie bei verpackten Pflanzen gleich die Folie und topfen Sie, wenn nötig, um.
- Setzen Sie selbst gezogene Pflanzen einzeln in Töpfe.

Gießen

- Prüfen Sie mit den Fingern die Feuchtigkeit im Topf.
- Die oberste Schicht vor dem nächsten Gießen abtrocknen lassen.
- Vermeiden Sie Vernässung und lassen Sie kein Wasser im Untersetzer stehen.

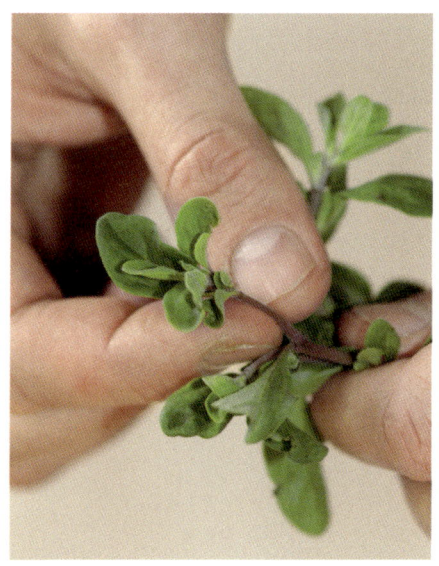

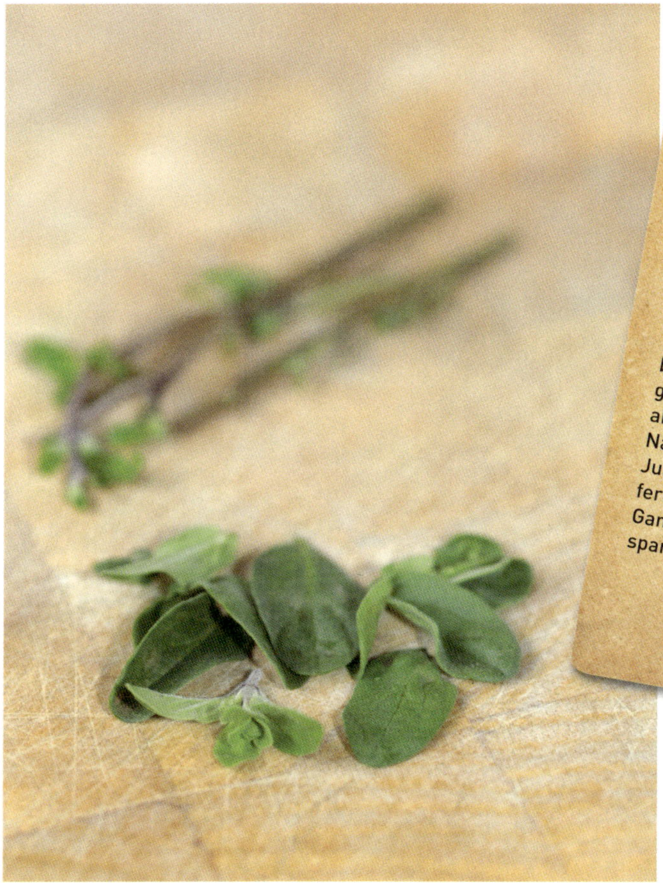

KOSMOS
SOFORTHELFER
Die Anzucht von Majoran ist nicht ganz einfach: Saaten und junge Pflänzchen brauchen sehr gleichmäßige Feuchtigkeit, reagieren aber empfindlich auf zuviel Nässe. Der Kauf gesunder Jungpflanzen oder schon fertiger Töpfe macht das Ganze einfacher und erspart Ihnen viel Frust.

Ernten

- Blättchen und junge Triebe können Sie ab Ende Mai bis September fortlaufend ernten.
- Warten Sie mit einem Schnitt zum Konservieren, bis gegen Anfang Juli die ersten Blütenknospen erscheinen. Schneiden Sie die Triebe, bevor sich diese öffnen.

Verwendung

- Mit seinem würzigen Aroma eignet sich Majoran prima für kräftige Gemüse- und Fleischgerichte. Auch Eintöpfen und Bratkartoffeln verleiht er eine deftige Note.
- Majorantee regt den Appetit an und hilft bei Problemen mit der Verdauung.

ESTRAGON

WOHER
BEKOMME ICH PFLANZEN?

- Durch Kauf von Jungpflanzen
- Durch Stecklingsvermehrung oder Teilung älterer Pflanzen
- Aussaat ist nur beim Russischen Estragon möglich, von April bis Juni (Lichtkeimer)

WAS
BRAUCHT ESTRAGON?

- Sonne
- Gleichmäßig leichte Feuchtigkeit
- Mäßiger Nährstoffbedarf
- Über Winter gut schützen oder drinnen an einen hellen, kühlen Platz stellen

WORAUF
MUSS ICH ACHTEN?

Erste Pflege

- Entfernen Sie bei verpackten Pflanzen umgehend die Folie und prüfen Sie die Feuchtigkeit.
- Topfen Sie die Pflanze gleich um, wenn der Verkaufstopf zu klein ist.

Weitere Pflege

- Vorm nächsten Gießen jeweils die Erd-oberfläche abtrocknen lassen
- Im Frühjahr um etwa zwei Drittel zurück-schneiden.
- Nach dem Neuaustrieb mit Flüssigdünger versorgen. Bei häufiger Ernte im Sommer ein- bis zweimal nachdüngen

KOSMOS
SOFORTHELFER

Ist der Estragon kräftig gewachsen und etwas aus der Form geraten, kann er auch im Sommer oder Herbst um rund ein Drittel zurückgeschnitten werden. Es gibt verschiedene Sorten, der Französische mit seinen weichen, sukkulenten Trieben und Blättern ist der aromatischste, Deutscher Estragon ist robust, aber nicht so aromatisch und Russischer herb und sehr winterhart.

Ernte

- Ernten Sie vorzugsweise die jungen, grünen Triebspitzen, von Mai bis Oktober.
- Wird Estragon drinnen überwintert, kann er – zurückhaltend – weiter beerntet werden. Das Aroma ist dann aber schwacher.

Verwendung

- Schneiden Sie Triebe zum Konservieren Anfang Juli, kurz vor der Blüte.
- Estragon lässt sich nicht nur einfrieren oder trocknen, sondern auch für Kräuteröl, -essig und –salz verwenden.

RUCOLA

WOHER
BEKOMME ICH PFLANZEN?

- Am besten durch Kauf von Jung-pflanzen
- Kaufen Sie mehrer Töpfe, damit Sie immer genug Erntegut haben.
- Durch Anzucht aus Samen im März oder April (mit ca. 1 cm Erde bedecken).

WAS
BRAUCHT RUCOLA?

- Sonne oder Halbschatten
- Gleichmäßige Feuchtigkeit
- Hoher Nährstoffbedarf
- Rucola ist einjährig und muss jedes Jahr neu angezogen werden.

WORAUF
MUSS ICH ACHTEN?

Pflege

- Lassen Sie die Erdoberfläche immer etwas abtrocknen, bevor Sie zum nächsten Mal gießen.
- Regelmäßig mit Flüssigdüngerünger versorgen; spätestens bei leichter Aufhellung der Blätter.

Ernte

- Die Blätter können Sie von März bis Oktober nach Bedarf ernten. Pflücken Sie vorzugsweise junge Blätter für Salat, ältere sind schärfer und ideal zum Würzen.
- Wenn sich Blütenstiele bilden, sollten Sie diese gleich entfernen, denn sie haben sehr harte Stängel.

Rucola-Keimlinge

Viele kennen Rucola nur als Salat oder Salatkraut, aber auch die Sprossen schmecken hervorragend.

- Säen Sie die Samen wie Gartenkresse auf Watte oder Küchenkrepp aus.
- Schon nach einigen Tagen können Sie die ersten Keimlinge ernten.

Verwendung

- Rucola schmeckt intensiv nussig und hat eine angenehme, milde Schärfe, die an Rettich erinnert. Er kann als Würzmittel für Nudelgerichte, Suppen, Pesto oder Risotto verwendet werden oder einfach pur als Salat oder Salatbeigabe.
- Wegen des relativ hohen Jodgehalts sollten Menschen mit Schilddrüsenproblemen Rucola nur in Maßen genießen.

MEDITERRANE KRÄUTER

INTENSIVE WÜRZ- UND HEILKRAFT

MEDITERRANE KRÄUTER

VIELE UNSERER BELIEBTEN KRÄUTER STAMMEN URSPRÜNGLICH AUS DEM MITTELMEERRAUM. DOCH DIE MEDITERRANEN IM ENGEREN SINN HABEN EINIGE BESONDERE EIGENHEITEN: SIE SIND MEIST MEHRJÄHRIGE, IM UNTEREN BEREICH VERHOLZENDE HALBSTRÄUCHER, ZEICHNEN SICH DURCH MARKANTES AROMA AUS UND LIEBEN VOLLSONNIGE, WARME, EHER NÄHRSTOFFARME STANDORTE.

HERKUNFT

Garrigue und Macchie nennt man zwei recht ähnliche Landschaftsformen, die sich fast überall am Mittelmeer finden. Hier prägen immergrüne Sträucher das Bild. Die Böden sind oft karg und steinig, die Sommer heiß und trocken und die Winter mild, aber regenreich. Bei einem Spaziergang umschmeicheln Düfte die Nase – denn hier sind auch Lavendel, Rosmarin, Thymian, Bohnenkraut, Oregano und Salbei zu Hause.

VERWENDUNG

Blätter und junge Triebe dieser Kräuter eignen sich gut zum Würzen von Fleischgerichten, z. B. für Lamm. Fast alle munden auch an deftigem Gemüse (besonders Bohnen und Kartoffeln) und in einer Kräuterbutter. Und mit Oregano, Thymian und Rosmarin lassen sich Pizzabeläge und Pasta-Soßen trefflich abrunden. Diese Kräuter werden mitgekocht und sollten sehr zurückhaltend dosiert werden.

Mit ihrem hohen Gehalt an ätherischen Ölen, Gerb- und Bitterstoffen regen sie Appetit und Verdauung an. Das macht man sich gern in Kräuterlikören und -schnäpsen zunutze. Zudem sind sie wertvolle Heilkräuter, besonders bei Husten, Erkältung und Verdauungsbeschwerden.

KONSERVIEREN

Diese Kräuter eignen sich besser als viele andere zum Trocknen. Sie lassen sich aber auch – mit Ausnahme des Lavendel – gut einfrieren oder für aromatische Kräuteröle verwenden, besonders Oregano, Thymian und Rosmarin.

BOHNENKRAUT

WIE
KOMME ICH ZU PFLANZEN?

- Durch Anzucht von März bis Mai (Lichtkeimer).
- Durch Kauf von Jungpflanzen.
- Bei Winterbohnenkraut auch durch Stecklingsvermehrung.

WAS
BRAUCHT BOHNENKRAUT?

- Sonne
- Recht viel Wärme; am besten erst ab Anfang Mai nach draußen stellen.
- Geringe Feuchtigkeit
- Mäßiger Nährstoffbedarf
- Winterbohnenkraut ab Spätherbst gut schützen oder drinnen an einen hellen, kühlen Platz stellen.

WORAUF
MUSS ICH ACHTEN?

Sommer-Bohnenkraut

- Die Blätter dieses einjährigen Bohnenkrauts sind zarter und schmecken etwas milder als die des Winter-Bohnenkrauts.
- Gießen Sie nicht zu kräftig, und erst wieder, wenn die oberen 2–3 cm der Topferde abgetrocknet sind.

Winter-Bohnenkraut

- Das kräftigere, mehrjährige Bohnenkraut verholzt mit der Zeit an der Triebbasis.
- Gießen Sie so zurückhaltend wie beim Sommer-Bohnenkraut.
- Im Frühjahr etwa ein Drittel zurückschneiden, wenn nötig, auch stärker.

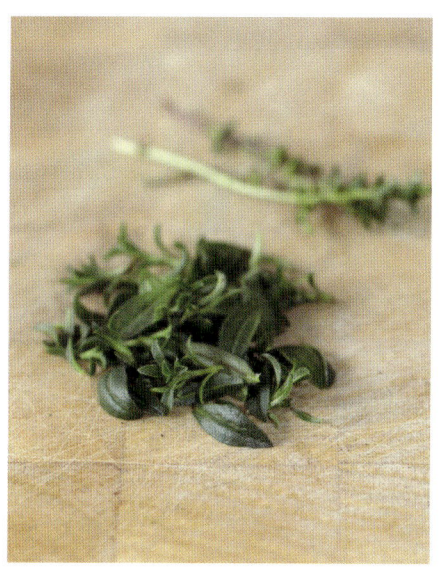

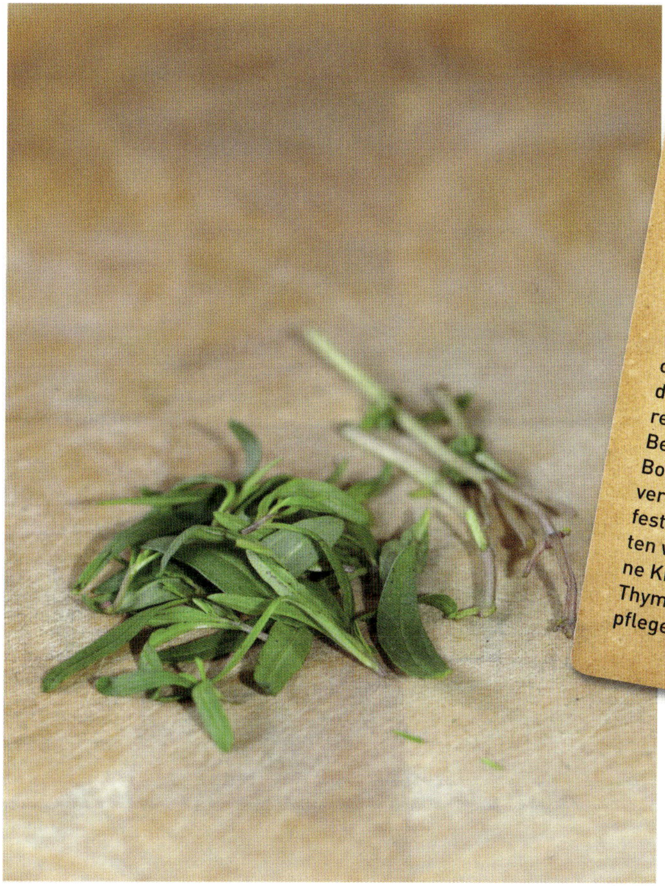

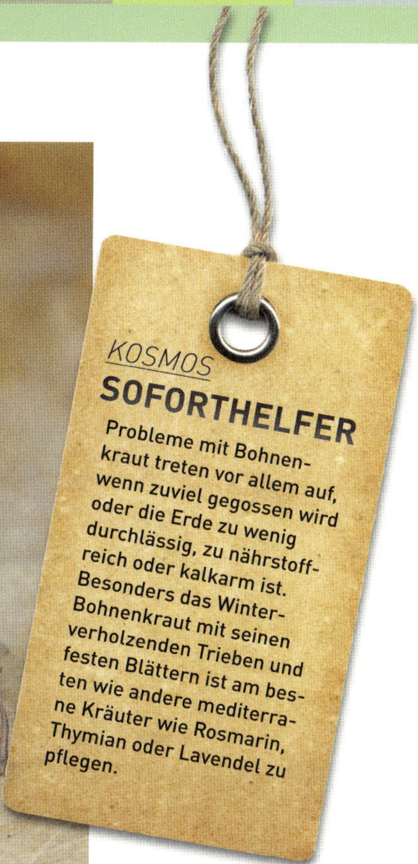

KOSMOS

SOFORTHELFER

Probleme mit Bohnenkraut treten vor allem auf, wenn zuviel gegossen wird oder die Erde zu wenig durchlässig, zu nährstoffreich oder kalkarm ist. Besonders das Winter-Bohnenkraut mit seinen verholzenden Trieben und festen Blättern ist am besten wie andere mediterrane Kräuter wie Rosmarin, Thymian oder Lavendel zu pflegen.

Verwendung von Winter-Bohnenkraut

- Das Winter-Bohnenkraut liefert von März bis Oktober würzige Blättchen und junge Triebe.
- Triebe zum Konservieren gegen Anfang Juli kurz vor der Blüte schneiden.

Verwendung von Sommer-Bohnenkraut

- Sommerbohnenkraut lässt sich ab Juni bis September ernten, zum Konservieren kurz vor der Blüte.
- Beide Kräuter passen nicht nur hervorragend zu Bohnen, sondern auch zu Kartoffeln, Suppen und verschiedenen Fleischgerichten, etwa Lamm oder Hackfleisch.

WOHER
BEKOMME ICH PFLANZEN?

- Durch Kauf von Jungpflanzen.
- Durch Anzucht von März bis Mai (Lichtkeimer)
- Durch Stecklinge oder Teilung älterer Pflanzen.

WAS
BRAUCHT OREGANO?

- Viel Sonne
- Geringe Feuchtigkeit
- Geringer Nährstoffbedarf
- Über Winter gut schützen oder drinnen an einen hellen, kühlen Platz stellen.

WORAUF
MUSS ICH ACHTEN?

Pflege

- Sehr zurückhaltend gießen, die oberste Erdschicht jeweils abtrocknen lassen.
- Im Frühjahr die Triebe um etwa zwei Drittel zurückschneiden; bei draußen stehenden Pflanze erst ab April, wenn keine Fröste mehr drohen.

Ernte

- Blätter und Triebspitzen können Sie von Mai bis Oktober ernten, drinnen auch – sparsam – über Winter.
- Schneiden Sie Triebe zum Konservieren im Juli, wenn sich die Blüten öffnen.

Verwendung

- Oregano ist das klassische Gewürz für Pizza und Pasta, passt aber auch gut an Gemüsegerichte, Rind- und Lammfleisch, sowie in Kräuterbutter und -salz.

- Ein Tee aus den Blättern und Blüten lindert Husten und andere Atemwegsbeschwerden und hilft bei Verdauungsproblemen.

THYMIAN

WOHER
BEKOMME ICH PFLANZEN?

- Durch Kauf von Jungpflanzen.
- Durch Anzucht von März bis Juni (Lichtkeimer)
- Durch Stecklinge oder Teilung älterer Pflanzen.

WAS
BRAUCHT THYMIAN?

- Viel Sonne
- Geringe Feuchtigkeit
- Geringer Nährstoffbedarf
- Über Winter gut schützen oder drinnen an einen hellen, kühlen Platz stellen.

WORAUF
MUSS ICH ACHTEN?

Erste Pflege

- Entfernen Sie bei verpackten Pflanzen sofort die Folie. Gerade bei mediterranen Kräutern kann es sonst schnell zu Schimmel und Fäulnis kommen.
- Topfen Sie die Pflanze gleich um, wenn der Verkaufstopf zu klein ist.

Weitere Pflege

- Sehr zurückhaltend gießen, die oberste Erdschicht jeweils abtrocknen lassen.
- Im Frühjahr die Triebe um etwa zwei Drittel zurückschneiden; bei draußen stehenden Pflanze erst ab April, wenn keine Fröste mehr drohen.

KOSMOS

SOFORTHELFER

Wenn Thymian und andere mediterrane Kräuter draußen überwintert werden, kann ihnen Winternässe ebenso zusetzen wie starker Frost. Achten Sie deshalb auf einen regengeschützten, möglichst überdachten Platz und prüfen Sie die Feuchtigkeit im Topf, bevor Sie gießen. Im Zweifelsfall immer lieber noch etwas warten.

Ernte

- <u>Blätter und Triebspitzen</u> können Sie in kleineren Mengen das ganze Jahr über ernten.
- Zum <u>Konservieren</u> werden die Triebe am besten <u>bei Blühbeginn</u> oder <u>während der Vollblüte</u> im Hochsommer geschnitten.

Blättchen abstreifen

- Eine spezielle <u>Kräuterschere</u> eignet sich besonders gut, um zarte, feinblättrige Triebe zu schneiden und zu zerkleinern.
- Mit den dünnen, scharfen Klingen lässt sich das Erntegut präzise und ohne Quetschungen abtrennen. und anschließend die <u>Blättchen abstreifen.</u>
- Die Schere <u>nach</u> jedem <u>Gebrauch</u> gründlich <u>säubern.</u>

BEWÄHRTE ARTEN UND SORTEN

Echter Thymian
(Thymus vulgaris)

Wuchs
- 10–40 cm hoch, buschig aufrecht bis niederliegend
- Blätter graugrün, immergrün
- Blüten hellrosa bis hellviolett

Verwendung
- Der klassische Thymian für Fleisch- und Gemüsegerichte, Pizza; bewährte Heilpflanze.

Besonderheiten
- Niedrige, kompakt wachsende Sorten sind z. B. 'Compactum', 'Fredo' und 'Tim'.

Quendel, Arznei-Thymian
(Thymus pulegioides)

Wuchs
- 5–20 cm hoch, mattenartig
- Blätter kräftig grün, immergrün
- Blüten violett, purpurn

Verwendung
- Etwas weniger aromatisch als Echter Thymian, gut für Salate und Dips sowie als Heilpflanze für Kinder.

Besonderheiten
- Bevorzugt kalkarme Erde.

Zitronen-Thymian
(Thymus × citriodorus)

Wuchs
- 10–30 cm hoch, polsterartig
- Blätter frischgrün, immergrün
- Blüten rosa

Verwendung
- Gut geeignet für Soßen, Marinaden, Salate und Kräutertees

Besonderheiten
- Kräftiger Zitronenduft, im Geschmack nur leichte Zitronennote.
- Mehrere Sorten mit kompaktem Wuchs, gelbbunten oder silbrigen Blättern.

Gelbgrüner Zitronen-Thymian
(Thymus 'Doone Valley')

Wuchs
- 10 – 15 cm hoch, polsterartig
- Blätter gelbgrün gescheckt, immergrün
- Blüten rosa

Verwendung
- Wie Zitronenthymian

Besonderheiten
- Gilt als besonders robuste Sorte des Zitronenthymians.
- Wird teils auch als Sorte des Schopfigen Thymian (Thymus comosus) angeboten.

Orangen-Thymian
(Thymus fragrantissimus)

Wuchs
- 15 – 25 cm hoch, polsterartig
- Blätter grün bis graugrün, schmal, immergrün
- Blüten weiß bis zart rosa

Verwendung
- Eignet sich sehr gut für Kräutertees, Duftsäckchen und -potpourris

Besonderheiten
- Intensiver Orangenduft; angenehm herber, leicht fruchtiger Geschmack

Grauer Polster-Thymian
(Thymus pseudolanuginosus)

Wuchs
- 10 – 15 cm hoch, polsterartig
- Blätter graugrün, schmal, immergrün, weißwollig behaart
- Blüten rosa

Verwendung
- Eher als Steingarten- oder Polsterstaude als Bodendecker

Besonderheiten
- Die rosa Blüten bilden einen hübschen Kontrast zu dem grau behaarten Laub.

LAVENDEL

WOHER
BEKOMME ICH PFLANZEN?

- Durch Kauf von Jungpflanzen.
- Durch Stecklinge (im Frühjahr schneiden).
- Durch Anzucht aus Samen von März bis Mai; Lichtkeimer (nur bei manchen Arten und Sorten möglich).

WAS
BRAUCHT LAVENDEL?

- Viel Sonne
- Geringe Feuchtigkeit
- Geringer Nährstoffbedarf
- Recht viel Platz; wenn nötig, des Öfteren umtopfen.
- Über Winter etwas schützen oder drinnen an einen hellen, kühlen Platz stellen.

WORAUF
MUSS ICH ACHTEN?

Pflege

- Zurückhaltend gießen, die oberste Erdschicht immer abtrocknen lassen.
- Im Spätsommer welke Blütenähren wegschneiden.
- Im Frühjahr um etwa ein Drittel zurückschneiden und etwas Dünger geben.

Ernte

- Junge Blättchen und Zweige können Sie jederzeit nach Bedarf schneiden.
- Zum Trocknen schneidet man die Blütentriebe, sobald sich die kleinen Blütchen öffnen.

KOSMOS
SOFORTHELFER

Auf dem Balkon sorgt Lavendel für intensiven Duft und mediterranes Flair. Er sollte über Sommer draußen stehen; ganzjährige Haltung im Haus bekommt ihm nicht.

Besonders stark duftet er, wenn er mit einer Blumenspritze abends mit einem feinen Sprühnebel aus (entkalktem) Wasser übersprüht wird.

Verwendung

- Sparsam dosiert, verfeinern die <u>Blättchen</u> den Geschmack von Gemüse-, Fisch- und Fleischgerichten (z. B. Lamm).
- <u>Getrocknete Blüten</u> lassen sich sehr vielfältig einsetzen, von Duftsäckchen über Tees gegen Nervosität und Stress bis hin zu sanft anregenden Kräuterbädern.

Schopf-Lavendel

- Schopf-Lavendel (Lavandula stoechas) ist besonders aromatisch und mit seinen hübschen Blüten eine auffällige Topfzierde.
- Er verträgt Kälte schlecht und sollte <u>trostfrei, aber kühl</u> und möglichst hell <u>überwintert werden.</u>

WOHER
BEKOMME ICH PFLANZEN?

- Durch Kauf von Jungpflanzen.
- Durch Stecklinge (im Spätsommer schneiden).
- Anzucht aus Samen im Frühjahr möglich, aber langwierig.

WAS
BRAUCHT ROSMARIN?

- Viel Sonne
- Recht viel Wärme; erst ab Mitte Mai nach draußen stellen
- Geringe Feuchtigkeit
- Geringer Nährstoffbedarf
- Über Winter drinnen an einen hellen, kühlen Platz bringen (bei 2–8 °C).

WORAUF
MUSS ICH ACHTEN?

Pflege

- Zurückhaltend gießen, die oberste Erdschicht jeweils abtrocknen lassen.
- Die Triebe gleich nach der Blüte oder Frühjahr um etwa ein Drittel einkürzen.
- Im Frühjahr mit etwas mäßig dosiertem Dünger versorgen.

Sortenwahl

- Vom Rosmarin gibt es ausgesprochene Hängesorten (z. B. 'Riviera'), die sich in einer Ampel sehr schön machen.
- Zunehmend werden auch winterharte Sorten angeboten. Bei Topfhaltung überwintern aber auch sie sicherer im Haus.

KOSMOS
SOFORTHELFER

Bei anhaltender Sommertrockenheit braucht Rosmarin etwas öfter Wassernachschub als andere mediterrane Kräuter. Halten Sie ihn aber nicht zu feucht oder gar nass. Bei Wärme un d Trockenheit ist er außerdem anfällig für den Befall mit Spinnmilben. Brausen Sie ihn einfach öfter ab, denn Wasser und feuchte Luft mögen diese Plagegeister überhaupt nicht.

Ernte

- <u>Blätter und junge Triebspitzen</u> können von April bis Oktober geerntet werden.
- Schneiden Sie Triebe zum Konservieren (z. B. Einlegen, Trocknen) im Juni oder Juli.

Verwendung

- Pizza, Nudeln, Kartoffeln, Rind, Lamm, Geflügel, Wild, Fisch – Rosmarin ist ein vielfältig einsetzbares Gourmetgewürz.
- <u>Rosmarinbäder</u> helfen bei Kreislaufproblemen und rheumatischen Beschwerden, Tees bei der Verdauung und bei Völlegefühl.

MINZEN

WOHLTUEND UND BELEBEND *MINZEN*

SCHON DIE ALTEN GRIECHEN UND RÖMER RÜHMTEN DIE MINZE ALS VIELSEI-TIGES HEILMITTEL: SOGAR GEGEN EINEN KATER NACH TRINKGELAGEN, MAN-GELNDE LIEBESLUST UND SEEKRANKHEIT SOLLTE SIE HELFEN. DARAUF SOLLTE MAN SICH NICHT UNBEDINGT VERLASSEN – DOCH DIE KRAMPFLÖSENDE, BELE-BENDE WIRKUNG DER PFEFFERMINZE IST BIS HEUTE UNBESTRITTEN.

HERKUNFT

Minzen sind überall im gemäßigten Klima der Nordhalbkugel verbreitet. Wo verschiedene Arten in der Natur aufeinander treffen, neigen sie dazu, sich miteinander zu kreuzen. Auf diese Weise entstand auch die Pfeffer-minze (Mentha × piperita): Ihre Kreuzungseltern sind die Wasserminze (M. aquatica) und die Ährige Minze (M. spicata). Ende des 17. Jahrhunderts entdeckte ein englischer Botaniker diese aromatische Spontankreuzung, von der dann verschiedene Sorten und Varietäten gezüchtet wurden.

VERWENDUNG

Geradezu „klassisch" ist das Aufkochen der Minzenblätter zu einem schmackhaften, belebenden Tee. Pfeffer-minztee hilft zudem nachhaltig bei Magen-, Darm- und Gallenbeschwerden. Allerdings verträgt nicht jeder den hohen Mentholgehalt der Pfefferminze. Als Alternative bieten sich mentholärmere Minzearten an (S. 100). Die Blätter lassen sich außerdem für Inhalationsbäder bei Kopfschmerzen und Erkältungen einsetzen – und in der Küche: Sparsam verwendet, veredeln sie Lamm- und Hackfleisch, Salate, Quark und Süßspeisen mit besonde-rem Aroma.

KONSERVIEREN

Kurz vor der Blüte haben die Blätter den höchsten Wirkstoffgehalt und eignen sich dann gut zum Einfrieren oder Trocknen.

WOHER
BEKOMME ICH PFLANZEN?

- Durch Kauf von Jungpflanzen.
- Durch Stecklinge oder Ausläufer.

WAS
BRAUCHT MINZE?

- Sonne oder Halbschatten; zu heiße Plätze meiden
- Recht viel Feuchtigkeit
- Hoher Nährstoffbedarf; im Frühjahr düngen; nach starkem Schnitt im Sommer in mäßiger Dosierung nachdüngen.
- Über Winter etwas schützen oder drinnen an einen hellen, kühlen Platz stellen.

WORAUF
MUSS ICH ACHTEN?

Gießen

- Lassen Sie die Erdoberfläche vor dem Gießen jeweils etwas abtrocknen.
- Direkt in die Erde gießen, die Blätter möglichst nicht benässen, um Pilzkrankheiten vorzubeugen.

Ernten für den Frischverzehr

- Junge Blätter und Triebspitzen können Sie von März bis September fortlaufend nach Bedarf ernten.
- Verwenden Sie die Blätter möglichst sofort und ganz frisch für Tees oder für die Küche.

KOSMOS
SOFORTHELFER
Bekommt die Minze trotz ausreichender Nährstoff- und Wasserversorgung immer wieder gelbe Blätter, hilft oft das Umsetzen in einen etwas größeren Topf mit frischer, guter Erde. Im Balkonkasten (und im Beet) neigt Minze zu starker Ausläuferbildung und kann leicht andere Pflanzen überwuchern und unterdrücken.

Ernten zum Konservieren

- Schneiden Sie Triebe zum Trocknen oder Einfrieren kurz vor Blühbeginn im Juni oder Juli. Im September kann dann noch ein zweiter Ernteschnitt folgen.
- Lassen Sie das Erntegut nicht in der Sonne liegen und verarbeiten Sie es bald, damit es nicht an Aroma verliert.

Erfrischung im Hochsommer

- Im Kühlschrank oder mit Eiswürfeln gekühlter Minzetee ist ein hervorragender Durstlöscher (nach Belieben mit Zucker süßen).
- Besonders anregend wird das Getränk, wenn Sie beim Aufkochen kurz vor Schluss noch etwas Grünen Tee zugeben.

SCHNEIDEN UND VERMEHREN

WANN
WIRD ZURÜCKGESCHNITTEN?

- Am besten einfach zur Haupternte im Juni und September.
- In der Blüte zum Fördern von zartem Neuaustrieb.
- Wurde sonst nicht geschnitten, im Spätherbst oder Frühjahr.
- Bei Krankheitsbefall, z. B. mit Rost oder Mehltau (bis kurz über der Basis zurückschneiden).

WIE
SCHNEIDE ICH STECKLINGE?

- Von den Spitzen nicht blühender Triebe, zwischen April und Juli
- Die Kopfstecklinge mit drei bis vier Blattpaaren schneiden und vor dem Eintopfen das unterste entfernen.

WIE
GEHT DAS AM BESTEN?

Vermehrung über Ausläufer

- Haben sich an der Pflanzenbasis <u>Ausläufer</u> gebildet, davon im Frühjahr oder Herbst etwa 20 cm lange Stücke abtrennen. Diese sollten wenigstens <u>drei</u> <u>Blattknoten</u> mit kleinen Wurzelansätzen aufweisen.

- Die Ausläufer mit den Würzelchen nach unten flach in eine 5 cm tiefe Erdrille legen, mit Erde abdecken und feucht halten.
- Treiben daraus neue Pflänzchen, diese samt Wurzeln abtrennen und einzeln in Töpfe setzen.

KOSMOS
SOFORTHELFER

Am einfachsten ist die Ausläufervermehrung in einem geräumigen Gefäß: Dort bewurzeln sich unterirdische Ausläufer oft schon von selbst, sodass man die Jungpflänzchen nach dem Austopfen einfach abtrennen bzw. die Pflanze zerteilen kann.

Rückschnitt nach der Blüte

- Hat man den <u>Ernteschnitt vor Blühbeginn verpasst,</u> lässt sich die Pflanze durch Rückschnitt der Blütentriebe zu neuem, aromatischem Austrieb anregen.

Rückschnitt

- Wenn Sie keinen kräftigen Ernteschnitt zum Konservieren durchführen, ist es ratsam, die <u>älteren Triebe im Herbst oder Frühjahr stark zurückzuschneiden.</u>
- Dann kann sich die Pflanze aus den jungen Bodentrieben neu aufbauen.

BEWÄHRTE ARTEN UND SORTEN

Pfefferminze
(Mentha × piperita)

Wuchs
- 40 – 80 cm hoch, buschig
- Blätter hell- bis dunkelgrün, teils mit violetter Aderung

Verwendung
- Die bekannte Tee- und Arzneiminze mit hohem Mentholgehalt

Besonderheiten
- Wird in verschiedenen Sorten angeboten, z. B. 'Nana' (kompakt wachsend) und 'Agnes' (mehltauresistent).

Grüne Minze
(Mentha spicata)

Wuchs
- 40 – 80 cm hoch, buschig
- Blätter lanzettlich, glatt bis gekraust, hell- bis dunkelgrün

Verwendung
- Sehr schmackhaft in Minzsoßen und Tees.
- Auch bekannt als Spearmint ("Kaugummi-Minze").

Besonderheiten
- Obwohl manchmal als „Menthol-Minze" angeboten, hat echte Mentha spicata einen geringen Mentholgehalt.

Krause Minze
(Mentha spicata var. crispa)

Wuchs
- 40 – 60 cm hoch, buschig
- Blätter lanzettlich, stark gekraust, mittel- bis dunkelgrün

Verwendung
- Kräftiger Geschmack
- Für warme und gekühlte Tees, Joghurtsoßen und Quark

Besonderheiten
- Geringer Mentholgehalt
- Eine beliebte Sorte ist die Marokkanische Minze 'Marokko'.

Orangen-Minze
(Mentha piperita var. citrata)

Wuchs
- 40 – 80 cm hoch, buschig
- Blätter rötlich grün

Verwendung
- Teeminze mit herb fruchtigem Aroma. Passt auch gut zu Süßspeisen.

Besonderheiten
- Geringer Mentholgehalt
- Recht trockenheitsverträglich, nässeempfindlich.
- Zum Trocknen wenig geeignet.

Ananas-Minze
(Mentha suaveolens 'Variegata')

Wuchs
- 30 – 60 cm hoch, buschig
- Blätter weiß gerandet, tief geadert

Verwendung
- Herb fruchtige Teeminze
- Lecker auch in Obstsalaten, Kräuterbowlen und -cocktails

Besonderheiten
- Geringer Mentholgehalt
- Eignet sich gut für große Töpfe und Kübel.

Bernstein-Minze
(Mentha 'Jokka')

Wuchs
- 40 – 70 cm hoch, buschig
- Blätter sattgrün, tief geadert, runzelig, samtig

Verwendung
- Passt gut zu mediterranen Gerichten, Tomaten, Salaten, auch zu Hackfleisch

Besonderheiten
- Balsamischer, leicht harziger Duft
- Herb würziger Geschmack

MELISSE
& SALBEI

DIE
14
SCHNELLSTEN
ANTWORTEN

WERTVOLLE TEEKRÄUTER *MELISSE & SALBEI*

ZITRONENMELISSE UND SALBEI GEHÖREN, NEBEN DER PFEFFERMINZE, ZU DEN BELIEBTESTEN TEEKRÄUTERN FÜR DEN HAUSGEBRAUCH. BEIDE SIND ALTBEWÄHRTE HEILKRÄUTER, WACHSEN MEHRJÄHRIG UND LASSEN SICH RECHT EINFACH IN TÖPFEN ODER IM GARTEN ZIEHEN. UND BEIDE MUNDEN NICHT NUR ALS TEE, SONDERN AUCH ALS WÜRZE AN VERSCHIEDENEN SPEISEN.

HERKUNFT

Der Salbei zählt zu den typischen Pflanzen der mediterranen Garrigue und Macchie. Auch die Zitronenmelisse ist im Mittelmeerraum sowie in Vorderasien heimisch, tritt dort allerdings eher an bewaldeten Standorten auf. Entsprechend hat sie einen etwas höheren Nährstoff- und Feuchtigkeitsbedarf und verträgt auch Halbschatten.

VERWENDUNG

Die bekömmliche Zitronenmelisse beruhigt und hilft bei Schlafstörungen und nervösen Magen-Darm-Beschwerden. Salbei mindert übermäßiges Schwitzen, lindert Verdauungsprobleme, Husten und, als Blattaufguss zum Gurgeln, Hals- und Zahnfleischentzündungen. Allerdings sollte er nicht allzu oft, eher sparsam und nicht während der Schwangerschaft und Stillzeit verwendet werden, denn sein Inhaltsstoff Thujon kann bei überhöhter Dosis gesundheitsschädlich wirken.
Das zitronige Aroma der Melisse passt auch zu Salaten, Süß- und Quarkspeisen sowie Fisch. Ein paar Salbeiblätter veredeln – mitgekocht bzw. mitgebraten – viele Fleisch- und Fischgerichte.

KONSERVIEREN

Beide Kräuter können nach einem Schnitt kurz vor der Blüte getrocknet werden. Die Zitronenmelisse verliert dabei allerdings stark an Aroma und wird besser eingefroren, was auch beim Salbei möglich ist. Er eignet sich zudem gut fürs Einlegen, etwa in Olivenöl.

WOHER
BEKOMME ICH PFLANZEN?

- Durch Kauf von Jungpflanzen.
- Durch Stecklinge oder Teilung älterer Pflanzen.
- Durch Anzucht aus Samen, ab März bis Mai (Lichtkeimer).

WAS
BRAUCHT ZITRONENMELISSE?

- Sonne oder Halbschatten
- Recht viel Feuchtigkeit
- Hoher Nährstoffbedarf
- Über Winter etwas schützen oder drinnen an einen hellen, kühlen Platz stellen.

WORAUF
MUSS ICH ACHTEN?

Ins Freie stellen

- Junge Pflanzen sind noch recht kälteempfindlich. Stellen Sie sie am besten erst gegen Ende April/Anfang Mai nach draußen.
- Die wüchsige Melisse muss des Öfteren umgetopft werden – oft schon gleich nach dem Kauf.

Gießen und düngen

- Lassen Sie die Erdoberfläche vor dem Gießen jeweils etwas abtrocknen. Die Blätter möglichst nicht benässen.
- Gedüngt wird im Frühjahr zum Austrieb. Nach starkem Schnitt im Sommer in mäßiger Dosierung nachdüngen.

KOSMOS
SOFORTHELFER

Zuweilen verfärben sich Blätter und teils auch Stängel der Melisse ungewöhnlich rot. Ursachen sind meist Nährstoffmangel, zu feuchte Haltung oder ein sehr sonniger, heißer Platz an einem Südfenster. Zitronenmelisse ist für einen hellen Standort dankbar, pralle, direkte Sonne mag sie jedoch nicht. Ein halbschattiger Platz mit Vormittags- oder Nachmittagssonne ist ideal.

Ernte

- Von März bis September können Sie Blätter und junge Triebspitzen ganz nach Bedarf ernten.
- Schneiden Sie Triebe zum Einfrieren kurz vor der Blüte.

Verwendung

- In der Küche können ganze Triebspitzen als schmackhafte Garnierung dienen, etwa zu Obstsalat oder Fisch.
- Ansonsten verwendet man die klein geschnittenen Blätter und fügt sie warmen Gerichten erst kurz vor dem Servieren hinzu.

SCHNITT UND VERMEHRUNG

WELCHE
SCHADERREGER TRETEN AUF?

- Krankheiten: vor allem Blatt-flecken-, Mehltau- und Rostpilze
- Schädlinge: Zikaden, Spinnmil-ben (beide mit punktförmigen Saugschäden); kleine Schildkäfer, Wanzen (Fraßschäden)

WAS
KANN ICH TUN?

- Bei Pilz- und Zikadenbefall hilft oft ein radikaler Rückschnitt.
- Schädlinge möglichst ablesen, abstreifen oder zerquetschen
- Pflanzen, die sich nicht erholen, am besten ganz entfernen

WORAUF
MUSS ICH ACHTEN?

Zurückschneiden

- Wird die Melisse nicht schon beim Ernten gestutzt, empfiehlt sich nach der Blüte ein kräftiger Rückschnitt.
- Dadurch bleibt die Pflanze kompakter. Ein früher Schnitt im Sommer fördert den Neuaustrieb von jungen Blättern.

Stecklingsvermehrung

- Schneiden Sie zwischen April und Juli rund 10 cm lange Spitzen nicht blühender Triebe als Kopfstecklinge.
- Die Stecklinge sollten zwei bis drei Blatt-paare aufweisen. Das unterste dann vor dem Eintopfen entfernen.

PROBLEME

WAS
KANN ICH DAGEGEN TUN?

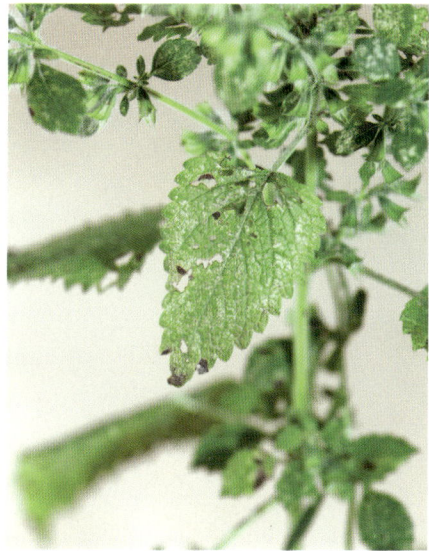

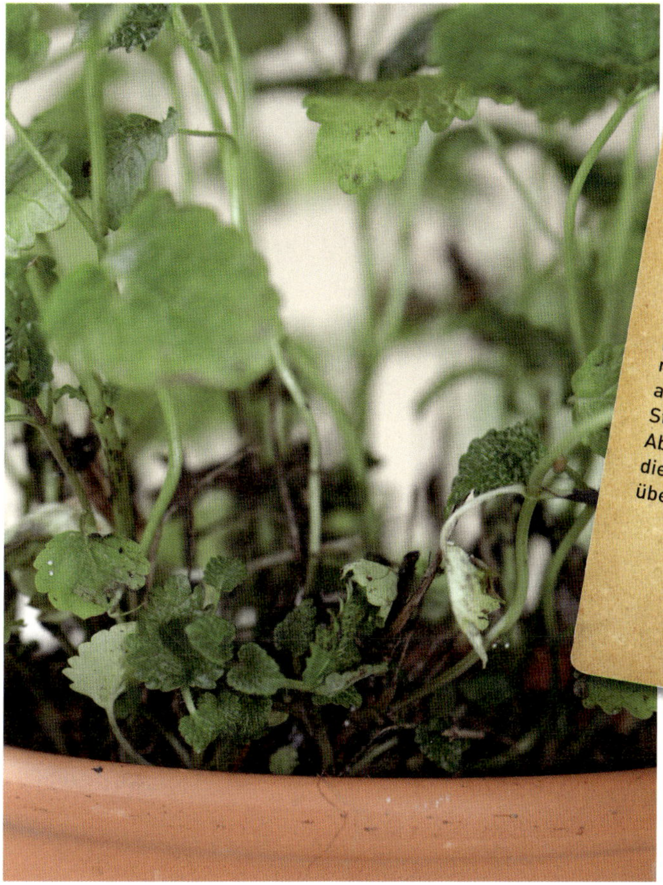

KOSMOS
SOFORTHELFER
Auch wenn der Platz begrenzt ist: Stellen bzw. pflanzen Sie Ihre Kräuter nicht zu eng nebeneinander. Ein luftiger, freier Stand sorgt für schnelleres Abtrocknen und mindert die Gefahr von Infektionen über die Blätter.

Pilzkrankheiten

- Mehrmals ausgebrachte Pflanzenstärkungsmittel (aus dem Fachhandel) erhöhen die Widerstandskraft und können die Erholung nach einem kräftigen Rückschnitt unterstützen.
- Eine übermäßige, stickstoffreiche Düngung erhöht die Anfälligkeit für Krankheiten.

Schimmel und Fäulnis

- Zu nasse Haltung, Gießen über die Blätter, Dauerregen oder – im Zimmer – mangelnde Lüftung: Das sind die Hauptursachen für Fäulnis, Schimmel und andere Krankheiten.
- Erkrankte Pflanzen separat stellen, um einer Ausbreitung der Erreger vorzubeugen.

WOHER
BEKOMME ICH PFLANZEN?

- Durch Kauf von Jungpflanzen
- Durch Stecklinge (S. 110) oder Teilung älterer Pflanzen
- Durch Anzucht aus Samen, März bis Mai (Lichtkeimer)

WAS
BRAUCHT SALBEI?

- Viel Sonne
- Geringe Feuchtigkeit
- Mäßiger Nährstoffbedarf
- Über Winter etwas schützen oder drinnen an einen hellen, kühlen Platz stellen.

WORAUF
MUSS ICH ACHTEN?

Gießen und düngen

- Gießen Sie nicht zu kräftig und erst, wenn die oberste Erdschicht abgetrocknet ist.
- Im Frühjahr nach dem Rückschnitt in mäßiger Dosierung düngen. Bei starkem Wuchs und/oder Schnitt im Sommer nachdüngen.

Ernte

- Die aromatischen Blätter können Sie jederzeit ernten, in kleinen Mengen auch über Winter.
- Schneiden Sie Triebe zum Trocknen, Einfrieren oder Einlegen kurz vor der Blüte.

KOSMOS
SOFORTHELFER
Topfen Sie Salbei nur in gut durchlässige, am besten mit Sand oder Perlite vermischte, kalkhaltige Erde. Eine Dränageschicht auf dem Topfboden (z. B. Blähton, feiner Kies) hilft, einem gefährlichen Vernässen im Wurzelbereich vorzubeugen.
Sind die Wurzeln durch Nässe oder Staunässe angefault, erholt sich der Salbei nur sehr langsam, wenn überhaupt.

Verwendung

- Salbeiblätter werden oft nur für <u>Tees</u> und <u>Aufgüsse</u> genutzt.
- Aber auch in der Küche lässt sich ihr Aroma gut nutzen, besonders für <u>mediterrane Gerichte,</u> z. B. mit Kalbfleisch (Saltimbocca), Schwein, Lamm oder Geflügel.

Überwintern

- <u>Im Garten</u> ist Salbei <u>recht winterhart</u>, <u>im Topf</u> sollte er jedoch vor starkem Frost gut <u>geschützt</u> oder ins Haus gebracht werden.
- Im Frühjahr die Triebe um etwa zwei Drittel zurückschneiden; bei im Freien kultivierten Pflanze wird erst ab April geschnitten.

STECKLINGE

WANN
KANN ICH STECKLINGE SCHNEIDEN?

- Von Frühjahr bis Spätsommer, am besten zwischen Mai und Juli.
- Von nicht blühenden Trieben; nur von gesunden Mutterpflanzen.

WAS
BRAUCHE ICH DAFÜR?

- Quelltöpfe (siehe S. 24/25)
- Oder normale Töpfe mit 8–12 cm Durchmesser und Stecklingserde
- Sauberes, scharfes Messer oder Schere
- Folie oder Abdeckhaube
- Gießkanne oder Zerstäuber

WIE
GEHT DAS AM BESTEN?

Stecklinge schneiden

- Schneiden Sie 8–10 cm lange Stücke von den Triebspitzen, mit drei bis vier Blattpaaren.
- Setzen Sie dazu die Schere etwas schräg an, kurz unterhalb eines Blattknotens.

Untere Blätter entfernen

- Entfernen Sie vorsichtig das unterste Blattpaar, ohne den Trieb zu verletzen.

KOSMOS
SOFORTHELFER
Stellen Sie die Töpfe warm und hell auf und nehmen Sie täglich die Abdeckung kurz zum Lüften ab. Die Wurzeln bilden sich nach etwa drei bis vier Wochen. Salbei ist empfindlich und wird besonders leicht von Echtem Mehltau und Grauschimmel (Botrytis) befallen, deshalb ist regelmäßiges Lüften und Kontrollieren wichtig. Befallene Stecklinge entfernen und wegwerfen.

Blätter einkürzen

- Das Einkürzen der großen Blätter im Spitzenbereich <u>reduziert die Verdunstung.</u>
- Förderlich ist ein <u>Bewurzelungspulver,</u> in das der Steckling vor dem Eintopfen getaucht wird – erhältlich ist es im Gartenfachhandel.

Steckling einstecken

- Stecken Sie das Triebstück so in die Erde, dass die <u>unteren Blätter knapp über die Oberfläche kommen.</u>
- Erde andrücken und leicht anfeuchten.
- Den Topf mit einer <u>Kunststoffhaube</u> oder aufgespannten Folie abdecken.

BEWÄHRTE SORTEN

Echter Salbei
(Salvia officinalis)

Wuchs
- 40–80 cm hoch, buschig
- Blätter graugrün, wintergrün
- Blüten blauviolett

Verwendung
- Der wichtigste Salbei für die Nutzung als Tee- und Heilpflanze sowie in der Küche.

Besonderheiten
- Aromatischer als die buntblättrigen Sorten und andere Salbeiarten.
- Recht robust

Gelbbunter Salbei
(Salvia officinalis 'Icterina')

Wuchs
- 40–60 cm hoch, kompakt
- Blätter gelbgrün gemustert, wintergrün
- Blüten blauviolett

Verwendung
- Für Tees und Küche
- Ansprechend als würzige Garnierung

Besonderheiten
- Im Topf sehr attraktiv.
- Geschmacklich etwas milder als normaler Salbei.

Rotblättriger Salbei
(Salvia officinalis 'Purpurascens')

Wuchs
- 40–60 cm hoch, recht kompakt
- junge Blätter purpurviolett, ältere graugrün; wintergrün
- Blüten blauviolett

Verwendung
- Für Tees und Küche
- Passt gut zu Saltimbocca

Besonderheiten
- Im Topf sehr attraktiv.
- Kräftiger Geschmack

Weißbunter Salbei
(Salvia officinalis 'Rotmühle')

Wuchs
- 40–50 cm hoch, kompakt
- Blätter cremeweiß gemustert, wintergrün
- Blüten blauviolett

Verwendung
- Für Tees und Küche; dekorative, würzige Garnierung

Besonderheiten
- Im Topf sehr attraktiv.
- Bildet manchmal reingrüne Triebe, die man herausschneiden sollte.

Goldsalbei
(Salvia officinalis 'Kew Gold')

Wuchs
- 40–50 cm hoch, kompakt
- Blätter gelbgrün, teils grün gefleckt; wintergrün
- Blüten blauviolett

Verwendung
- Für Tees und Küche

Besonderheiten
- Sehr schön in Kombination mit Rotblättrigem Salbei oder in Balkonarrangements zwischen rot und blau blühenden Blumen.

Krauser Salbei
(Salvia officinalis 'Crispa')

Wuchs
- 40–60 cm hoch, kompakt
- Blätter gewellt, samtig, wintergrün
- Blüten blauviolett

Verwendung
- Für Tees und Küche

Besonderheiten
- Kräftiges Aroma
- Recht robust
- Wird auch als „Flaumiger Salbei" angeboten.

AROMA-KRÄUTER

BESONDERE GENÜSSE *AROMA-KRÄUTER*

BEI GENÜGEND PLATZ AUF BALKON UND TERRASSE KÖNNEN SIE VIELE NICHT GANZ ALLTÄGLICHE KRÄUTERGENÜSSE AUSPROBIEREN – ERST RECHT, WENN SIE AUCH NOCH ÜBER EINEN KÜHLEN, ABER FROSTFREIEN RAUM ZUM ÜBERWINTERN KÄLTEEMPFINDLICHER PFLANZEN VERFÜGEN. ZU DEN FAVORITEN UNTER DIESEN „EXOTEN" GEHÖREN CURRYKRAUT, ZITRONENGRAS UND ZITRONENVERBENE.

HERKUNFT

Das Currykraut, oft als kompakter Zwergcurry im Handel, kommt aus dem Mittelmeerraum und verträgt etwas Kälte. Empfindlicher ist die in Südamerika beheimatete Zitronenverbene (auch Zitronenstrauch genannt). Besonders viel Wärme braucht das Zitronengras, denn es stammt aus dem tropischen Asien oder Südostasien und wird dort schon lange kultiviert.

VERWENDUNG

Die Blättchen des Currykrauts duften tatsächlich ähnlich wie eine Curry-Gewürzmischung; kleine Triebstücke verleihen Reis, Fleisch-, Fischgerichten eine orientalische Note.
Blätter der Zitronenverbene überraschen mit intensivem Zitrusgeschmack. Sie passen hervorragend zu Süßspeisen und Obstsalaten, aber auch zu Fisch- und Geflügelgerichten und eignen sich für leckere Tees. Etwas dezenter präsentiert sich das Zitrusaroma der Zitronengrasstängel. Sie bieten sich für vielerlei Gerichte mit asiatischem Flair an, etwa Geflügel, Fisch und Meeresfrüchte, Suppen, Salate und Wokgemüse.

KONSERVIEREN

Zitronenverbene eignet sich recht gut zum Trocknen und Einfrieren, Currykraut wird besser in Öl eingelegt. Zitronengrasstängel lassen sich getrocknet und zermahlen längere Zeit im Kühlschrank aufbewahren.

CURRYKRAUT

WOHER
BEKOMME ICH PFLANZEN?

- Durch Kauf von Jungpflanzen; Zwergcurry eignet sich für Töpfe am besten.
- Durch Stecklinge, die von den Spitzen nicht blühender Triebe geschnitten werden.

WAS
BRAUCHT CURRYKRAUT?

- Viel Sonne
- Sehr gut durchlässige Erde und unbedingt Dränage im Topf
- Geringe Feuchtigkeit.
- Mäßiger Nährstoffbedarf; im Frühjahr zurückhaltend düngen.
- Über Winter an einen hellen, kühlen Platz stellen.

WORAUF
MUSS ICH ACHTEN?

Pflege

- Gießen Sie nicht zu kräftig, und erst wieder, wenn die oberen 2–3 cm der Erde abgetrocknet sind.
- Im Spätsommer nach der Blüte zurückschneiden; dabei den Vorjahrsaustrieb auf 10–20 cm einkürzen.

Ernte

- Blätter und junge Triebe können Sie das ganze Jahr über ernten.
- Vor der Blüte ist das Aroma am intensivsten. Im Sommer werden die Blätter manchmal recht bitter. Testen Sie den Geschmack, bevor Sie Triebe in Öl einlegen.

KOSMOS
SOFORTHELFER

Abgeschnittene Blüten- zweige lassen sich gut für attraktive Trockensträuße und -gestecke verwenden. Die Blüten locken im Gar- ten zahlreiche Insekten, vor allem Bienen, Hum- meln und Schmetterlinge an. Man sagt Currykraut nach, dass es eine Schnecken vertreibende Wirkung haben soll – ob das stimmt? Probieren Sie es aus!

Verwendung

- Besonders gut eignet sich Currykraut als <u>Würze</u> für Reis, Fleisch und Fisch. Es passt auch an manche Gemüse- und Käsegerichte.
- Nur <u>sparsam verwenden</u>, nur kurz mitkochen und die Triebe vor dem Servieren entfernen.

ZITRONENVERBENE

WOHER
BEKOMME ICH PFLANZEN?

- Durch Kauf von Jungpflanzen
- Durch Stecklinge, die von den Spitzen nicht blühender Triebe geschnitten werden.

WAS
BRAUCHT ZITRONENVERBENE?

- Sonne
- Gute, durchlässige Kübel-pflanzenerde
- Recht viel Feuchtigkeit
- Hoher Nährstoffbedarf
- Ab Mitte Oktober Überwinte-rungsplatz mit 4–12 °C, hell oder dunkel.

WORAUF
MUSS ICH ACHTEN?

Gießen

- Über den Sommer <u>kräftig gießen</u>, aber <u>dazwischen</u> immer wieder die Erdoberflä-che <u>abtrocknen lassen.</u>
- Im Winter den Ballen nicht ganz aus-trocknen lassen.
- Von April bis Anfang August alle zwei Wochen düngen.

Weitere Pflege

- In jedem Frühjahr in einen etwas größe-ren Topf mit frischer Erde umsetzen.
- Wenn nur mäßig geerntet wurde, die Trie-be im März kräftig zurückschneiden.
- Überschüssige Triebe können leicht als <u>Stecklinge</u> verwendet werden.

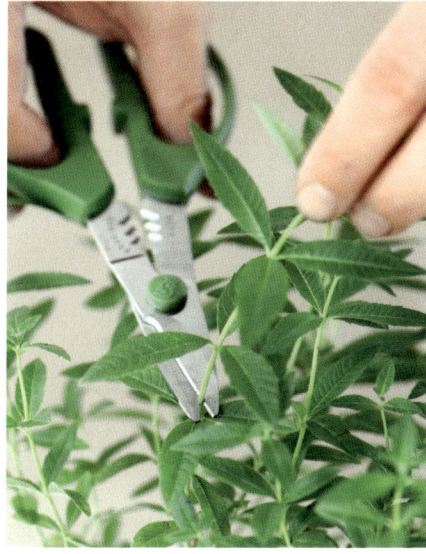

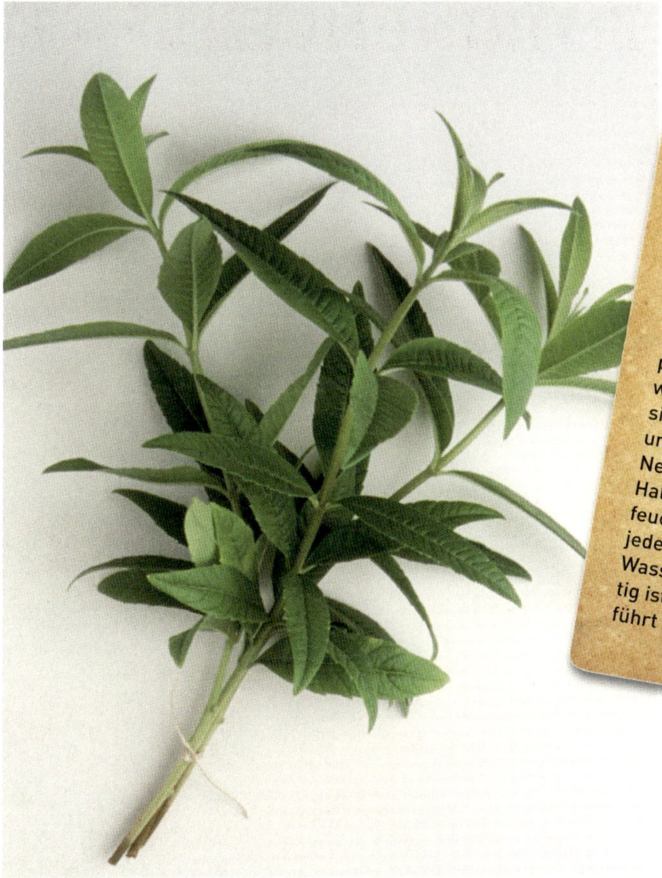

KOSMOS
SOFORTHELFER
Da die Zitronenverbene über den Winter ihre Blätter verliert, kann sie problemlos dunkel überwintert werden. Stellen Sie sie aber ab März ins Helle und etwas wärmer, um den Neuaustrieb zu fördern. Halten Sie sie dabei nur feucht und prüfen Sie vor jedem Gießen, ob eine Wassergabe überhaupt nötig ist. Zu viel Feuchtigkeit führt zu Wurzelfäule.

Ernte

- Junge Blätter können Sie von Mai bis September ernten. Am besten ganze Triebspitzen abschneiden.
- Zum Trocknen oder Einfrieren Triebspitzen kurz vor der Blüte im Juni oder Juli schneiden.

Verwendung

- Die Blätter mit dem intensiv zitronigen Aroma ergeben einen lecken Tee und passen hervorragend zu Obstsalat, Fruchtsorbet und –pudding sowie Eiscreme.
- Zum Würzen von Fisch und Geflügel erst zum Ende der Garzeit hinzugeben.

ZITRONENGRAS

WOHER
BEKOMME ICH PFLANZEN?

- Durch Kauf von Jungpflanzen
- Durch Teilung größerer Gras-
  büschel
- Durch Bewurzeln frischer Stängel
  im Wasserglas, an einem warmen
  Platz (gelingt nicht immer).

WAS
BRAUCHT ZITRONENGRAS?

- Sonne und viel Wärme
- Nährstoffreiche, leicht saure Erde
- Recht viel Feuchtigkeit
- Hoher Nährstoffbedarf
- Nicht vor Mitte Mai nach draußen
  stellen, im September herein-
  holen.
- Hell bei 10 – 18 °C überwintern.

WORAUF
MUSS ICH ACHTEN?

Pflege

- Über Sommer kräftig gießen, aber dazwi-
  schen die Erdoberfläche etwas abtrock-
  nen lassen.
- Von April bis Anfang August alle drei
  Wochen düngen.
- Im Frühjahr, wenn nötig, umtopfen.

Ernte

- Geerntet werden von Frühjahr bis Herbst
  die Stängel, die man direkt an der Erdoberfläche abschneidet.
- Auch Blätter können geschnitten werden.
  Ihr Aroma ist aber eher „zurückhaltend".

KOSMOS

SOFORTHELFER

Frische, klein geschnittene Stängel und Blätter lassen sich zu einem schmackhaften Tee aufgießen, der Kopfschmerzen und Magenverstimmungen lindern kann.
Die Stängel können auch kleingeschnitten und getrocknet werden. Sie eignen sich dann für Tees oder zum Mitkochen bei asiatischen Gerichten.

Verwendung

- Verwendet werden vor allem die <u>unteren, weißen Enden,</u> die man nach <u>Flachklopfen</u> mitkochen kann.
- Sie passen besonders gut zur <u>südostasiatischen Küche,</u> etwa zu Currys, Fisch- und Hühnersuppen, verleihen aber auch Schmorgerichten eine feine zitronige Note.

Samen- und Kräuterversand

Kräuter- und Staudengärtnerei Mann
Schönbacher Str. 25
02708 Lawalde
www.kraeutergaertner.de
www.pflanzenreich.com

Gärtnerei helenion
Hof Vogelsang
Ortsteil Schmölln
17291 Randowtal
www.helenion.de

Die Kräuterei
Alexanderstr. 29
26121 Oldenburg
www.kraeuterei.de

Rühlemann's Kräuter und Duftpflanzen
Auf dem Berg 2
27367 Horstedt
www.ruehlemanns-shop.de

Samen Frese
Johannisstr. 103
49074 Osnabrück
www.samen-frese.de

Kräuter- und Wildpflanzengärtnerei
Strickler
Monika Strickler
Lochgasse 1
55232 Alzey
ww.gaertnerei-strickler.de

Kräuterey Lützel
Im Stillen Winkel
57271 Hilchenbach-Lützel
www.kraeuterey.de

Kiepenkerl Kunden-Service
Im Weidboden 12
57629 Norken
www.kiepenkerl.de

Otzberg Kräuter
Burghart Koch-Seubert
Erich Ollenhauer-Str. 87 B
65187 Wiesbaden
www.otzberg-kraeuter.de

Kräutergärtnerei Simon
Neuwoog 1
67677 Enkenbach
www.kraeutergaertnerei-simon.de

Calendula Kräutergarten
Storchshalde 200
70378 Stuttgart-Mühlhausen
www.calendula-kraeutergarten.de

Die Mühlbachgärtnerei
Josef und Marianne Beubl
Gärtnerstr. 2a
85368 Moosburg
www.die-muehlbachgaertnerei.de

Tausendschön
Hauptstraße 9
74541 Vellberg-Großaltdorf

Samenhaus Müller
Raiffeisenstr.18
75210 Keltern
www.samenhaus.de

Syringa Duftpflanzen- und Kräutergärtnerei
Bachstr. 7
78247 Hilzingen-Binningen
www.syringa-pflanzen.de

Blumenschule
Augsburger Str. 62
86956 Schongau
shop.blumenschule.de

Kräuter im Brunnenhof
Kornstraße 61
88370 Ebenweiler
www.brunnenhof-kraeuter-und-mehr.de

Staudengärtnerei Gaissmayer
Jungviehweide 3
89257 Illertissen
www.gaissmayer.de

Raritätengärtnerei Treml
Eckerstr. 32
93471 Arnbruck
www.pflanzentreml.de

Bamberger Kräutergärtnerei
Nürnberger Str. 86
96050 Bamberg
www.biokraeuter.info

Saatgut

Quedlinburger Saatgut GmbH
Neuer Weg 21
06484 Quedlinburg
www.quedlinburger-saatgut.de

GartenShop
Wansdorfer Platz 20
13587 Berlin

Carl Sperling & Co. (GmbH & Co.KG)
Hamburger Str. 35
21339 Lüneburg
www.sperli.de

Thysanotus-Samenversand
Uwe Siebers
Schulweg 21
28876 Oyten
www.thysanotus-samenversand.de

Jelitto Staudensamen GmbH
Am Toggraben 3
29690 Schwarmstedt
www.jelitto.de

Thompson & Morgan
Postfach 10 69
36243 Niederaula
www.thompson-morgan.com

Gärtner Pötschke GmbH
Beuthener Straße 4
41561 Kaarst
www.gaertner-poetschke.de

Bio-Saatgut Ulla Grall
Eulengasse 3
55288 Armsheim
www.bio-saatgut.de

Nebelung/Kiepenkerl
über Tom Garten / ESH Rhenania GmbH
Im Weidboden 12
57629 Norken
www.tomgartenshop.de

Baldur-Garten GmbH
Elbinger Str. 12
64625 Bensheim
www.baldur-garten.de

N. L. Chrestensen
Erfurter Samen- und Pflanzenzucht GmbH
Witterdaer Weg 6
99092 Erfurt
www.gartenversandhaus.de

Syngenta Seeds GmbH
Gemüse & Blumen
Alte Reeser Str. 95
47533 Kleve

Erhaltung der Sortenvielfalt

Viele dieser Vereine bieten Informationen
und Saatgut seltener und ungewöhnlicher
Gemüse und Kräuter an.

Verein zur Erhaltung der
Nutzpflanzenvielfalt (VEN) e.V.
Geschäftsstelle
c / o Ursula Reinhard
Sandbachstr. 5
38162 Schandelah
www.nutzpflanzenvielfalt.de

Österreich
Arche Noah
Obere Str. 40
A-3553 Schiltern
www.arche-noah.at

Schweiz
ProSpecieRara Deutsche Schweiz
Pfrundweg 14
CH-5000 Aarau
www.psrara.org
www.prospecierara.ch

Vereinigung Fructus
Glärnischstr. 31
CH-8820 Wädenswil
www.fructus.ch

Sofort-
helfer

Sucherfolg statt Suchmaschine

Folko Kullmann
Orchideen
144 Seiten, 225 Abbildungen, €/D 14,99
ISBN 978-3-440-13155-8

Was mache ich, damit meine Orchidee lange blüht? Was muss ich tun, damit sie wieder blüht? Der Kosmos Soforthelfer Orchideen zeigt zu jeder Orchideenart alles, was Sie wissen müssen oder wonach Sie suchen – auf einen Blick, ohne langes Suchen.

Tanja Ratsch
Kübelpflanzen
128 Seiten, 200 Abbildungen, €/D 14,99
ISBN 978-3-440-13157-2

Gesucht – gefunden: die 99 schnellsten Antworten auf Fragen rund um die erfolgreiche Pflege Ihrer Kübelpflanzen. Spezielle Pflegehinweise, Tipps zu Krankheiten und Schädlingen machen dieses Buch unverzichtbar für jeden Hobby-Gärtner.

kosmos.de/garten

Pflanzen, ernten, naschen

Axel Mitchell
Mein Küchenbalkon
160 Seiten, 200 Abbildungen, €/D 19,99
ISBN 978-3-440-13088-9

Auch wer nur wenig Platz und keinen Garten hat, braucht auf eigenes Gemüse, Obst und Kräuter nicht zu verzichten. Dieses Buch zeigt eine Fülle von kreativen und ungewöhnlichen Ideen mit praktischen Pflanztipps – auch für Dachterrassen und Kübelgärten.

Barbara Krasemann
Geschenke aus meinem Garten
144 Seiten, 120 Abbildungen, €/D 14,99
ISBN 978-3-440-13123-7

Am Schönsten ist es selbstgemacht – das gilt besonders für originelle Geschenke und Mitbringsel. Dieses Buch zeigt einzigartige Ideen, wie sich Pflanzen in essbare Köstlichkeiten, fantasievolle Dekorationen und verführerische Wellness-Produkte verwandeln lassen.

IMPRESSUM

mit 222 Fotos von gartenfoto.eu/Martin Staffler, Stuttgart (178) sowie Gartenschatz (24): 6/7 alle 6, 66 re, 88 alle 3, 89 li, 89 Mi, 100/101 alle 6, 112/113 alle 6
Flora Press/Biosphoto (1): 120 li
Flora Press/Botanical Images (1): 119 re
Flora Press/Flower Photos (4): 7 re, 79 li, 85 re, 120 re
Flora Press/GAP (1): 88 re, 91 li,
Flora Press/The Garden Collection (5):
Flora Press/Modeste Herwig (1): 118 re
Flora Press/Visions (7): 17 re, 78, 116 li

Umschlaggestaltung von Gramisci Editorialdesign, München unter Verwendung von zwei Fotos von gartenfoto.eu/Martin Staffler

mit 222 Fotos

Alle Angaben in diesem Buch sind sorgfältig geprüft und geben den neuesten Wissensstand bei der Veröffentlichung wieder. Da sich das Wissen aber laufend in rascher Folge weiterentwickelt und vergrößert, muss jeder Anwender prüfen, ob die Angaben nicht durch neuere Erkenntnisse überholt sind. Dazu muss er zum Beispiel Beipackzettel zu Dünge-, Pflanzenschutz- bzw. Pflanzenpflegemitteln lesen und genau befolgen sowie Gebrauchsanweisungen und Gesetze beachten.

Unser gesamtes lieferbares Programm und viele weitere Informationen zu unseren Büchern, Spielen, Experimentierkästen, DVDs, Autoren und Aktivitäten finden Sie unter kosmos.de

Gedruckt auf chlorfrei gebleichtem Papier

© 2012, Franckh-Kosmos Verlags-GmbH & Co. KG, Stuttgart
Alle Rechte vorbehalten
ISBN 978-3-440-13156-5
Projektleitung, Redaktion und Bildredaktion: Kullmann & Partner GbR
Konzeptionelle Entwicklung: Kullmann & Partner GbR, Marc Strittmatter
Gestaltungskonzept: Gramisci Editorialdesign, München
Gestaltung und Satz: Kristijan Matic/ Kullmann & Partner GbR, Stuttgart
Produktion: Jürgen Bischoff
Printed in Slovakia / Imprimé en Slovaquie

DIE AKTEURE

DER AUTOR

Joachim Mayer ist Diplom-Agraringenieur (Fachrichtung Gartenbau) und arbeitet seit vielen Jahren als Gartenbuchautor, Gartenjournalist und Lektor. Er berät darüberhinaus Hobbygärtner bei allen Fragen zur Gartenanlage und -Praxis.
Im Kosmos Verlag ist von ihm auch das Buch Kräutergarten in der Reihe Praxiswissen Garten erschienen.

DER FOTOGRAF

Martin Staffler hat an der Fachhochschule Osnabrück Landschaftsarchitektur studiert und anschließend ein Volontariat in der Redaktion von MEIN SCHÖNER GARTEN absolviert. Seitdem arbeitet er selbstständig als Garten- und Pflanzenfotograf sowie als Gartenjournalist. Martin Staffler hat die Step-Fotos für diesen Ratgeber fotografiert. Er lebt mit seiner Familie in Stuttgart.